LE LIBRAIRE AV LECTEVR.

MON cher Lecteur, apres vous auoir donné l'impression d'vn si bel ouurage, j'ay crû vous deuoir vn volume des Lettres du mesme Autheur, pour satisfaire entierement vostre curiosité. Il y en a qui contiennent des Descriptions: Il y en a de Satiriques: Il y en a de Burlesques: Il y en a d'Amoureuses, & toutes sont dans leur genre si excellentes & si propres à leurs sujets, que l'Autheur paroist aussi merueilleux en Prose qu'en Vers. C'est vn iugement que vous en ferez, non pas auec moy, mais auec tous les hommes d'esprit qui connoissent la beauté du sien. Ie fais rouler la Presse auec autant de diligence qu'il m'est possible pour vous en donner le contentement, & à moy celuy de vous faire aduoüer que ie vous ay dit la verité.

A MONSEIGNEVR LE DVC D'ARPAION.

ONSEIGNEVR,

Quoy qu'Agrippine ſoit ſortie du ſang de ces Princes, qui naiſſoient ſeulement pour commander aux hommes, & qui ne mouroient, que pour eſtre appellez au rang des Dieux ; ſes diſgraces l'ont renduë encore plus celebre que la gloire de ſon berceau ; Il ſemble qu'elle n'ait eu le grand Auguſte pour Ayeul, qu'afin de ſentir auec plus d'affront, le regret de ſe voir dérober l'Empire, ſon

LA MORT D'AGRIPPINE, TRAGEDIE.

PAR M[R]

DE CYRANO BERGERAC.

A PARIS,
Chez CHARLES DE SERCY, au Palais, dans la Salle Dauphine, à la bonne Foy couronnée.

M. DC. LIV.

AVEC PRIVILEGE DU ROY.

A PARIS chez Charles de Sercy au Palais dans la Salle Dauphine a la bonne Foy couronnée.

legitime patrimoine: Cesar ne l'auoir honorée de l'alliance de Tibere, que pour l'attacher de plus pres à son Tyran, & ne luy auoir donné pour mary, le plus grand Heros de son siecle, que pour en faire la plus affligée & la plus inconsolable de toutes les veufues: de sorte qu'ayant tousiours vescu dans la douleur & la persecution, il est certain qu'elle prefereroit le repos du tombeau à cette seconde vie que ie luy donne, si voulant l'exposer au iour, ie luy cherchois vn moindre Protecteur, que celuy qui dans la conseruation de Malthe, l'a esté de toute l'Europe. Quelque maligne que soit la Planete qui domine au sort de mon Heroyne, ie ne croy pas qu'elle puisse luy susciter des ennemis qu'impuissans, quand elle aura le secours de vostre grandeur: vous, MONSEIGNEVR, que l'Vniuers regarde comme le chef d'vn corps qui n'est composé que de parties nobles, qui auez fait trembler iusques dans Constantinople, le Tyran d'vne moitié de la terre, & qui auez empesché que son Croissant, dont il se vantoit d'enfermer le reste du Globe, ne partageast la souueraineté de la mer, auec celuy de la Lune: mais tant de glorieux succez ne sont point des miracles pour vne personne, dont la profonde sagesse éblouyt les plus grands Genies, & en faueur de qui Dieu semble auoir dit par la bouche de ses Prophetes, * que le sage auroit droit de commander aux Astres. Agrippine, MONSEIGNEVR, qui pendant le cours de sa vie les a sans relasche experimenté contraires, effarouchée encore aujourd'huy de la cruauté des Empereurs qui ont poursuiuy son ombre iusques chez les morts : Entre les bras de qui se pouuoit-elle ietter auec plus de confiance, qu'entre ceux d'vn redoutable Capitaine, dont le seul bruit des armes, a garanty & rasseuré Venise, cette puissante Republique, où la liberté Romaine s'est conseruée iusqu'en nos iours : Receuez-la donc, s'il vous plaist, MONSEIGNEVR, fauorablement, accordez vn azile à cette Princesse, qu'elle n'a pû trouuer dans vn Empire qui luy appartenoit. Ie sçay que faisant profession d'vne inuiolable fidelité pour nostre Monarque, vous la blasmerez peut-estre d'auoir conspiré contre son Souuerain, quoy qu'elle n'ait poursuiuy la mort de Tibere, que pour vanger celle de Germanicus, & n'ait esté infidelle sujette, que pour estre fidelle à son Espoux : mais en faueur de sa vertu, elle espere cette grace de vostre bonté, dont elle ne sera pas ingrate; car elle m'a promis que sa reconnoissance publiera par tout les merueilleux éloges de vostre

* Vir sapiens dominabitur Astris.

vertu, qui donne plus d'éclat à vostre sang,* qu'elle n'en a receu de luy, encore que la source en soit Royalle: Ceux de vostre prudence dans les negotiations les plus importantes de l'Estat, que l'on nous propose comme vn portrait acheué de la sagesse: Ceux de vostre valeur dans les combats, dont elle reglé les euenements, au prejudice du pouuoir absolu que la fortune s'en est reserué; & ceux enfin, MONSEIGNEVR, de vostre courage qui n'a iamais veu de peril qu'au dessous de luy. Ces considerations me font esperer que la genereuse Agrippine ayant esté presente à toutes les victoires de son Heros, elle n'ignore pas en quels termes elle doit parler des vostres, & ie suis mesme certain qu'elle leur rendra iustice, sans qu'on l'accuse de flaterie; car si vous estes d'vn merite à ne pouuoir estre flaté, elle est aussi d'vn raug à ne pouuoir flater. Mais, MONSEIGNEVR, que pourroit-elle dire qui ne soit connu de toute la terre, vous l'auez veuë presqu'entiere en victorieux,* & par vn prodige inouy, vostre visage mesme n'y est gueres moins connu que son nom. Souffrez donc que ie vous offre cette Princesse, sans vous rien promettre d'elle, que cet adueu public qu'elle vient vous faire, qu'enfin elle a trouué vn Heros plus grand que Germanicus:

* Les Roys d'Arragon & les Comtes de Thoulouze, dont quelques-vns ont regné en Ierusalem.

* Monseigneur L. D. d'Arpajon a commandé en France, en Alsace, Flandres, Lortaine, Italie, Roussillon, Malthe, Venise, Pologne, &c.

Au reste elle cessera de deplorer ses malheurs; si par le tableau de sa pitoyable auanture, elle vous donne au moins quelque estime de sa constance, & moy ie me croiray trop bien recompensé du present que ie luy fais de cette seconde vie, si n'estant plus que memoire, elle vous fait souuenir que ie suis,

MONSEIGNEVR,

Vostre tres-humble, tres-obeyssant, & tres-passionné seruiteur,
DE CYRANO BERGERAC.

ACTEVRS.

TIBERE, Empereur de Rome.

SEIANVS, Fauory de Tibere.

NERVA, Senateur, Confident de l'Empereur.

TERENTIVS, Confident de Sejanus.

AGRIPPINE, Veufve de Germanicus.

CORNELIE, ſa Confidente.

LIVILLA; Sœur de Germanicus & Bru de l'Empereur.

FVRNIE, ſa Confidente.

Trouppe de Gardes.

La Scene eſt à Rome dans vne Salle du Palais de Tibere.

LA MORT D'AGRIPPINE VEVFVE DE GERMANICVS, TRAGEDIE.

ACTE I.

SCENE PREMIERE.

AGRIPPINE, CORNELIE.

AGRIPPINE.

E te vais retracer le tableau de ſa gloire,
Mais feins encor apres d'ignorer ſon hiſtoire,
Et pour me rẽdre heureuſe vne ſeconde fois,
Preſſe moy de nouueau de conter ſes explois,
Il doit eſtre en ma bouche auſsi bien qu'en mon ame,

Pour deuoir chaque instant vn triomphe à sa femme,
Mais ne te fais-je point de discours superflus,
Ie t'en parle sans cesse.

CORNELIE.

Il ne m'en souuient plus.
Et i'atens....

AGRIPPINE.

Apprens donc comme ce ieune Alcide,
Fut des geans du Rhin le superbe homicide,
Et comme à ses costez faisant marcher la mort,
Il eschauffa de sang les riuieres du Nort,
Mais pour voir les dangers où dans cette conqueste,
La grandeur de son ame abandonna sa teste,
Pour voir ce que son nom en emprunta d'esclat,
Escoute le recit de son dernier combat.
Des-ja nostre Aygle en l'air balançoit le tonnerre,
Dont il deuoit brusler la moitié de la terre,
Quand on vint rapporter au grand Germanicus,
Qu'on voyoit l'Allemand sous de vastes escus,
Marcher par vn chemin couuert de nuicts sans nombre,
L'esclat de nostre acier en dissipera l'ombre;
(Dit-il) & pour la charge, il leue le signal
Sa voix donne la vie à des corps de metal;
Le Romain par torrens se respand dans la pleine,

Le Colosse du Nort se soustient à grand peine ;
Son enorme grandeur ne luy sert seulement,
Qu'à montrer à la Parque vn plus grand logement ;
Et tandis qu'on heurtoit ces murailles humaines,
Pour espargner le sang des legions Romaines,
Mon Heros ennuyé du combat qui traisnoit,
Se cachoit presqu'entier dans les coups qu'il donnoit ;
Là des bras emportez, là des testes brisées,
Des troupes en tombant sous d'autres escrasées,
Font fremir la campagne au choc des combattans,
Comme si l'Vniuers trembloit pour ses enfans.
De leurs traits assemblez l'effroyable descente
Forme entr'eux & la nuë vne voûte volante,
Sous qui ces fiers Tytans honteux d'vn sort pareil,
Semblent vouloir cacher leur deffaite au Soleil.
Germanicus y fit ce qu'vn Dieu pouuoit faire,
Et Mars en le suiuant creut estre temeraire.
Ayant fait du Germain la sanglante moisson,
Il prit sur leurs Autels leurs Dieux mesme à rançon,
Afin qu'on sceut vn iour par des exploits si braues,
Qu'vn Romain dans le Ciel peut auoir des esclaues.
O! quel plaisir de voir sur des monceaux de corps,
Qui marquoient du combat les tragiques efforts,
Dans vn liure d'airain la superbe victoire,
Grauer Germanicus aux fastes de la gloire.

CORNELIE.

Vostre Espoux soubmettant les Germains à ses loys,
Ne voulut que leur nom pour prix de ses exploits:

AGRIPPINE.

Du couchant à l'aurore ayant porté la guerre,
Nostre Heros parut aux deux bouts de la terre,
En vn clein-d'œil si prõpt qu'on peut dire aujourd'huy
Qu'il deuança le iour qui couroit deuant luy;
On crût que pour deffẽdre en tous lieux nôtre Empire,
Ce Jupiter sauueur se vouloit reproduire,
Et passant comme vn traict tant de diuers climats,
Que d'vn degré du Pole il ne faisoit qu'vn pas,
Dans ces Pays bruslez où l'arene volante,
Sous la marche des siens estoit estincelante;
De cadavres pourris il infecta les airs,
Il engraissa de sang leurs steriles deserts,
Afin que la moisson pouuant naistre en ces plaines,
Fournist de nourriture aux legions Romaines,
Que par cét aliment nostre peuple orgueilleux
Succast auec leur sang quelque amitié pour eux,
Et qu'vn iour le succez d'vn combat si tragique,

Pût reconcilier, l'Europe auec l'Affrique,
Enfin tout l'vniuers il se seroit sousmis,
Mais il eut le mal-heur de manquer d'ennemis.
Mon cher Germanicus estoit donc sur la terre,
Le souuerain arbitre & de paix & de guerre,
Et se trouuoit si haut par dessus les humains,
Que son pied se posoit sur le front des Romains,
Alors qu'en Orient terminant sa carriere,
Dans la source du iour il perdit la lumiere,
Et pour vn lict superbe à son dernier sommeil,
Il s'alla reposer au berceau du Soleil.
Voilà comme il vescut & ie te veus encore,
Peindre dans son couchant cét astre que i'adore,
Affin que le mal-heur de mon illustre espoux,
Par ces tristes tableaux réueille mon courroux,
Et que par les horreurs de la fin de sa vie,
Ie m'excite à hair ceux qui l'ont poursuiuie,

CORNELIE.

C'est accroistre vos maux.

AGRIPPINE.

Ne me refuse pas
D'écouter le recit d'vn si sanglant trespas,
Où mon cœur deschiré de bourreaux inuisibles
En iroit émouuoir les rochers insensibles.

Tibere qui voyoit les pleurs de l'Vniuers,
Conjurer mon Espoux de le tirer des fers,
Et qui sçauoit assez qu'au milieu des batailles
Ses Amis luy seroient de viuantes murailles;
Comme vn acier tranchant, comme vn bruslant tison,
Du filet de ses iours, il approcha Pison:
Pison part il s'auance, & dans chaque Prouince
Qu'il oyoit retentir des armes de mon Prince,
Par des coups non sanglants, des meurtres de la voix,
Ce lasche ternissoit l'éclat de ses exploix.
Mais semblable au rocher, qui battu de l'orage,
De la mer qui le bat semble estre le naufrage,
Le nom de mon Heros par le choc affermi
Refléchissoit les coups dessus son ennemy.
Il arriue, & mon Prince ignorant sa malice,
D'vn veritable amour payoit son artifice.
Quand nous vismes tomber ce demy-Dieu Romain
Sous l'inuisible coup d'vne inuisible main,
Vne bruslante fiévre allume ses entrailles;
Il contemple viuant ses propres funerailles.
Ses arteres enflés d'vn sang noir & pourry,
Regorgent du poison dont son cœur est nourry:
A qui le considere, il semble que ses veines
D'vne liqueur de feu sont les chaudes fontaines,
Des serpens enlacés qui rampent sur son corps,
Ou des chemins voutez qui meinent chez les morts;

La terre en trembla mesme, afin que l'on pût dire
Que sa fiévre causoit des frissons à l'Empire.

CORNELIE.

Iamais la mort ne vint d'vn pas si diligent.

AGRIPPINE.

Et Pison toutefois le treuue encor trop lent;
Pour le precipiter, ioignant le sortilege,
Du poison sans horreur il monte au sacrilege;
Et donne à terracer par des charmes couuers
Le demon des Romains au demon des Enfers.
Ainsi l'Enfer, les Cieux, la Nature & l'Enuie,
Vnirent leurs fureurs contre vne seule vie.

CORNELIE.

Ha! ne condamnez point la lâcheté du sort!
Pour perdre vn si grand homme il faut plus d'vne mort.

AGRIPPINE.

D'vn rouge tenebreux sa chair ensanglantée,
Fut le triste tesmoin, que Nature irritée
Produisit du poison, afin de se purger
Du crime dont à Rome on eût pû la charger.

CORNELIE.

Les Autheurs de ſa mort meritoient ſes ſupplices.

AGRIPPINE.

Ie ſçauray les punir auecque leurs complices,
Piſon eſt deſia mort, & bien-toſt l'Empereur
Liuilla, Sejanus, ſentiront ma fureur:
Ce couple criminel, qu'vn adultere aſſemble,
S'eſtans ioints pour le perdre expireront enſemble:
Ils ſuivront mon Eſpoux, ces lâches ennemis
Qui de tous mes enfans ne m'ont laiſſé qu'vn fils.

SCENE II.

SEIANVS, AGRIPPINE, CORNELIE.

SEIANVS.

MAdame, la nouuelle, en eſt trop aſſeurée,
L'Empereur ce matin eſt ſorty de Caprée,
Il marche droit à Rome accompagné des ſiens,
Des Soldats Allemans, & des Pretoriens:
Et l'on croit que demain, nous verrons à nos portes

Trois

Trois de ses Legions, & cinquante Cohortes.

AGRIPPINE.

C'est vn sujet de ioye, & non pas de douleur:
Ennuyé de l'attendre il court à son malheur,
Et n'approche de Rome en homme de courage.
Que pour nous espargner la peine du voyage;
Voy comme aueuglement il vient chercher l'Autel,
Frappons, cette victime attend le coup mortel:
Mais gardons qu'échappant au couteau du Ministre,
Sa fuitte ne deuienne vn presage sinistre.

SEIANVS.

Sans auancer nos iours, pour auancer sa mort,
Regardons son naufrage à couuert dans le port.
Et gauchissons de sorte en montant à l'Empire
Que selon le succés nous puissions nous dédire.
L'Empereur qui connoist tous vos desseins formez,
Ignore que ie trempe à ce que vous tramez;
Il m'escrit qu'il espere, assisté de ma brigue,
Ioindre auec le Senat tout le peuple à sa Ligue.
Ce traict de confiance est vn gage asseuré
Qu'il ne soupçonne point que i'aye conjuré:
Ainsi quoy que d'affreux son courroux entreprenne,
Ie vous tiendray tousiours à couuert de sa haine:
Prononcés son arrest irreuocablement;

Mais parmy tant d'écueils hastons-nous lentement.

AGRIPPINE.

Conduis ma destinée, aussi bien la fortune;
Triomphans ou vaincus nous doit estre commune:
Mais sçache, si de moy tu pretens disposer,
Que le Thrône est le Temple où ie dois t'espouser.
Informe Liuilla du retour de Tybere,
De peur que sa surprise effarouche son Pere:
Moy i'iray cependant solliciter nos Dieux,
Ils me doiuent secours puis qu'ils sont mes Ayeux.

SCENE III.

AGRIPPINE, CORNELIE.

AGRIPPINE.

QV'en dis-tu, Cornelie? Enfin,

CORNELIE.

Enfin, Madame,
Du traistre Sejanus deuiendrez-vous la femme?
Faut-il que l'Assassin de vostre cher Espous,

Se trace par son crime vn chemin iusqu'à vous?
Que dans son meurtrier vostre mary se treuue,
Et vienne se sauuer dans le lict de la Veufue?
Quoy! n'entendez-vous point le grand Germanicus,
Porté sur vn monceau de cadavres vaincus,
S'écrier des Enfers: Femme ingratte & perfide;
Tu vas joindre ma race auec mon homicide?
Voyla comme il se plaint, ce Heros outragé,
Que sa Veufue en dix ans n'a pas encor vangé.

AGRIPPINE.

Moy, de mes ennemis ie deuiendrois la Mere!
Moy qui les dois punir du crime de leur Pere!
Rouge encor de mon sang, il viendroit l'Assassin,
En qualité d'Espoux me presenter la main!
Donc mes fils en mes flancs ne pourroient treuuer place,
Sans augmenter le nom du bourreau de ma race!
Donc auec eux naistroit, malgré tout mon amour,
L'execrable deuoir de les priuer du iour!
Donc ces infortunez, sans le pouuoir connestre,
Seroient mes ennemis auant mesme que d'estre!
Deuiendroient criminels entre les mains du Sort,
Et pour auoir vêcu meriteroient la mort!
Du plus vil des Romains ie me ferois vn Maistre!
Et veufue d'vn Heros i'espouserois vn traistre!
Ha! ne m'accuse point de tant de lâcheté,

Et penetre vn peu mieux dans mon cœur irrité ;
Voy iusqu'où doit aller le courroux d'Agrippine,
Qui l'oblige à flatter l'autheur de sa ruine,
Et combien il est grand, puis que pour l'occuper,
Estant ce que ie suis, ie m'abbaisse à tromper :
Ouy, i'abhorre ce monstre ; apres l'auoir rauie,
Pour le tuer encor ie luy rendrois la vie,
Et ie voudrois qu'il pût, sans tout à fait perir,
Et sans cesse renaistre, & sans cesse mourir.
Mais, helas ! ie ne puis me vanger de Tybere,
Que par la seule main de mon lâche aduersaire :
Car Seianus vainqueur luy percera le flanc,
Ou Sejanus vaincu payera de son sang ;
Si Tybere y demeure, alors ie suis vengée ;
Si contre Sejanus la Fortune est rengée,
Ie verray satisfaite entrer au monument
De mon Espoux meurtry le premier instrument.
Mais Liuilla paroist, i'éuite sa presence,
Elle hayt ma rencontre, & la sienne m'offence.

SCENE IV.

LIVILLA, SEIANVS, TERENTIVS.

LIVILLA.

I'Ay beau voir en Triomphe vn Empereur Romain,
S'auancer contre nous le tonnerre à la main,
Ce n'est pas l'ennemy que ie crains dauantage.

SEIANVS.

Ha dites-moy son nom, cette longueur m'outrage,
Vous le plaindrez plustost que vous ne le craindrez,
Et i'attens, pour agir, ce que vous resoudrez.

LIVILLA.

Escoute. Auparauant qu'vn refus m'ait blessée,
Sur tout ce que tu crains applique ta pensée,
Propose-toy le fer, la flame & le poison,
Fais iusque dans ton cœur descendre ta raison,
Et t'informe de luy, quoy que ie te demande,
S'il est prest d'accorder tout ce qu'il apprehende.

SEIANVS.

Il est tout prest, Madame, à remplir vos souhaits.

LIVILLA.

Encore vn coup, prens garde à ce que tu promets,
Ce que ie veux sera peut-estre ta ruine.

SEIANVS.

N'importe parlez, c'est?

LIVILLA.

C'est la mort d'Agrippine.

SEIANVS.

D'Agrippine, Madame, helas y pensez-vous?

LIVILLA.

D'Agrippine, ma sœur, qui conspire auec nous:
Mon mary sous ma haine est tombé pour victime,
Mon cœur apres cela ne connoist plus de crime;
Ieune encor & timide en mon timide sein,
Il osa me pousser à ce noble dessein:
Et toy perfide Amant, dont l'amour me diffame.

SEIANVS.

Tremperay-je ma main dans le sang d'vne femme?

LIVILLA.

Ie fais, pour m'animer, à ce coup plein d'effroy,
Des efforts bien plus grands que tu n'en fais sur toy;
J'entends de toutes parts le sexe & la nature,
Qui me font de ce meurtre vne horrible peinture:
Mais, femme, ie pourray voir du sang sans horreur,
Et parente, souffrir qu'on égorge ma sœur?
Ie l'ay trop offensée, & la mort qui m'effraye
Est le seul appareil qui peut fermer sa playe.
On voit fumer encor de ses plus chers parens,
Sur la route d'Enfer les vestiges sanglans;
Rien qu'vn cercueil ne couure vn acte de la sorte,
Et pour elle ou pour moy c'est la fatale porte,
Par qui le sort douteux d'vn ou d'autre costé,
Mettra l'vn des partis en pleine liberté.
Encor si mon trespas satisfaisoit sa haine:
Mais de ta mort, peut-estre, elle fera ma peine,
Puis qu'elle a descouuert au gré de son courroux,
A l'éclat de ma flame vn passage à ses coups;
Donc pour me conseruer, conseruant ta personne,
Sauue-moy des frayeurs que sa rage me donne.

SEIANVS.

Non, non, detrompez-vous de ces vaines frayeurs,
Elle croit l'Empereur cause de ses malheurs,

Je l'ay persuadée.

LIVILLA.

Elle feint de le croire;
Pour vn temps sur sa haine elle endort sa memoire,
Mais crains-la d'autant plus qu'elle craint de s'ouurir,
C'est pour elle trop peu de te faire mourir;
Si par ta mort toy-mesme assouuissant sa rage,
Tu n'en es l'instrument, & n'en hastes l'ouurage;
Quoy! ie t'ay de mon frere immolé iusqu'au nom!
Sur son fameux debris esleué ton renom,
Et chassé, pour complaire à toy seul où i'aspire,
De mon lict & du iour l'heritier de l'Empire!
Je semblois vn Lyon sur le Thrône enchaisné,
Qui t'en gardoit l'abord comme à toy destiné.
I'ay fait à ton amour au peril de la tombe,
Des Heros de ma race vn funeste hecatombe,
Et ne prejugeant pas obtenir les souhaits
D'vn si grand criminel, que par de grands forfaits;
On m'a veû promener encor ieune, encor fille,
Le fer & le poison par toute ma famille,
Et rompre tous les neuds de mon sang, de ma foy,
Pour n'estre plus liée à personne qu'à toy;
Chaque instant de ma vie est coupable d'vn crime,
Paye au moins tant de sang du sang d'vne victime,
Ie n'en brusle de soif qu'afin de te sauuer,

Du bras qu'à ton malheur ce ſang fera leuer;
Oſe donc, ou permets, quand on ioindra noſtre ame,
Que ie ſois ton mary, ſi tu n'es que ma femme.

SEIANVS.

Du precipice affreux preſt à nous engloutir,
Agrippine & ſon rang nous peuuent garantir;
Prodiguons ſa puiſſance à terracer Tybere;
Quand elle aura ſans nous deſtruit noſtre Aduerſaire.
Nous trouuerons par elle vn trhône dans le port,
Et ſerons en eſtat de ſonger à ſa mort.

LIVILLA.

Tu m'en donnes parole, hé bien ie ſuis contente,
L'eſpoir que i'en auray, flattera mon attente,
A Iupiter vengeur ie vais offrir des vœux;
Si pourtant d'vn tel coup i'oſe parler aux Dieux:
Car le crime eſt bien grand de maſſacrer Tybere.

SEIANVS.

Tybere ce Tyran qui fit mourir ton Pere.

LIVILLA.

Ha! le traiſtre en mourra, fais, fais moy ſouuenir,
Quand d'iniuſtes remords viendront m'entretenir,
Afin de s'oppoſer au meurtre de Tybere,

Que Tybere eſt celuy qui fit mourir mon Pere.

SCENE V.

SEIANVS, TERENTIVS.

TERENTIVS.

IMmoler Agrippine à l'objet de ton feu,
La victime ſera plus noble que le Dieu.

SEIANVS.

Que vous connoiſſez mal le ſujet qui m'enflame.

TERENTIVS.

Quoy! Liuilla n'eſt point . . . .

SEIANVS.

Non ie la hay dans l'ame,
Et quoy qu'elle m'adore, & qu'elle ait à mes vœux
Immolé ſon Eſpoux, ſon frere & ſes neveux,
Ie la trouue effroyable, & plus ſa main ſanglante

Execute pour moy, plus elle m'épouuente:
Ie ne puis à sa flame appriuoiser mon cœur,
Et iusqu'à ses bienfaits me donnent de l'horreur:
Mais i'ayme sa riualle auec vne couronne,
Et ie brusle du feu que son éclat luy donne;
De ce bandeau Royal les rayons glorieux,
Augmentent la beauté des rayons de ses yeux,
Et si l'âge flestrit l'éclat de son visage,
L'éclat de sa couronne en repare l'outrage.
Enfin pour exprimer tous ses charmes diuers,
Sa foy me peut en dot apporter l'Vniuers.
Quoy que de son Espoux ma seule ialousie,
Par les mains de Pison ayt terminé sa vie,
Elle a tousiours pensé que des raisons d'Estat
Ont poussé l'Empereur à ce lâche attentat.
Ainsi, Terentius, vn royal hymenée
Doit bien-tost à son sort vnir ma destinée,
Vn diadéme au front en sera le lien.

TERENTIVS.

Le cœur d'vne Amazone estoit digne du tien.

SEIANVS.

Tel ialoux de mon rang tenteroit ma ruine,
Qui n'osera choquer vn Espoux d'Agrippine,
Ce nœud m'affermira dans le thrône vsurpé,

Et son fils qui me haït, dans sa fureur trompé,
Au profond de son ame, arrestant sa colere,
Craindra de s'attaquer au mary de sa Mere,
Ou forcée de le perdre, auec moins de courroux
Elle en pardonnera le meurtre à son Espoux.
Mais allons preparer dans la pompe celebre
Du retour de Tybere vne pompe funebre.

Fin du premier Acte.

ACTE II.

SCENE PREMIERE.

TIBERE, NERVA.

TIBERE.

OVY, la Couronne enferme & cache beaucoup plus
De pointes sous le front qu'il n'en paroist dessus;
De ma triste grandeur i'ay veu Rome idolastre:
Mais que i'ay pour regner d'ennemis à combatre.

NERVA.

C'est trop te défier de ton noble destin,
Agrippine te haït, mais elle est femme enfin.

TIBERE.

Que de iustes frayeurs s'emparent de mon ame!
Le grand Germanicus me combat dans sa femme!
De ce Prince au tombeau, le nom ressuscité,

Semble accourir aux vœux qui l'ont sollicité;
Sous mon Thrône abbatu, ce nouuel Encelade
Du profond des Enfers à ma Cour retrograde,
Et iette vn cry si haut, que du bruit effrayé,
Je doute s'il foudroye ou s'il est foudroyé.
Par vn souffle bruslant que sa rage respire,
Il esmeût la reuolte au sein de mon Empire,
Et le perfide encor pour brauer mes desseins,
Me combat à couuert dans le cœur des Romains.

NERVA.

D'vn tout si dangereux pers le dangereux reste.

TIBERE.

Ie sçay bien qu'Agrippine à mes iours est funeste:
Mais si sans l'acheuer ma haine l'entreprend,
Le courroux qui l'anime en deuiendra plus grand;
Et si dans le Senat on la treuue innocente,
Ie la force à venger cette iniure sanglante.

NERVA.

Que me dis-tu, Seigneur? elle est coupable?

TIBERE.

En quoy?

NERVA.

D'estre ou d'auoir esté plus puissante que toy.

Elle remeine au choq les bandes allarmées,
Casse ou nomme à son gré les Empereurs d'Armées,
Montre en Caligula son Ayeul renaissant :
Intimide le foible, achepte le puissant,
Emplit ton cabinet de ses pensionnaires :
Enfin iusqu'à ta Garde & tes Legionnaires.
Falut-il se noircir d'vne lâche action,
Sont generalement à sa deuotion.
Elle est ambitieuse, elle te croit coupable,
Crains qu'elle ne corrompe vn seruiteur de table ;
Rarement vn grand Roy que l'on peut enuier,
Eschappe du poison donné par l'heritier.

TIBERE.

O Ciel! si tu veux perdre vn Empereur de Rome,
Que son trespas au moins soit l'ouurage d'vn homme?

NERVA.

Cesar, pour préuenir ses desseins furieux,
Elle est dans ton Palais, qu'on l'égorge à tes yeux?

TIBERE.

L'équité nous oblige à plus de retenuë,
On ne l'a qu'accusée, & non pas conuaincuë.

NERVA.

Le sceptre qu'en tes mains dispute son renom,
Dans tes mains esbranlé, ne tient plus qu'à ton nom,
Cours le prix d'vne gloire en gloire sans seconde,
Au bout de la carriere est le Thrône du monde :
Mais encor qu'il puisse estre à tous deux destiné,
Qui l'atteindra plutost y sera couronné;
En partant le premier deuance donc sa course,
Et coupe les ruisseaux du torrent dés la source :
Quoy ? supporteras-tu sans honte ou sans effroy,
Que l'Empire balance entre vne femme & toy ?
Pers, pers, cette orgueilleuse auant qu'elle connoisse
De ton regne esbranlé la mortelle foiblesse.
Vn soupçon de reuolte à l'apparence ioint,
Est vn crime d'estat qu'on ne pardonne point :
Cesar, il la faut perdre.

TIBERE.

Ouy, Nerua, ie la donne,
Sans rien examiner au bien de ma Couronne,
Elle mourra.

NERVA.

Cesar....

TIBERE.

Elle mourra, mais Dieux !

Comment

Comment me desrober au peuple furieux,
Car si de ce combat i'emporte la victoire,
Son sang pour la vanger peut iallir sur ma gloire;
C'est vn foudre grondant suspendu prest à cheoir,
Qu'au dessus de ma teste il ne faut pas mouuoir.

NERVA.

Non, Seigneur, non, sa perte est & seure & facile.

TIBERE.

Il faut donc l'engager à sortir de la ville.

NERVA.

Elle iroit, la superbe, en cent climats diuers
Promener la reuolte aux bouts de l'Vniuers;
Et iettant du discord la semence feconde,
Armeroit contre toy les deux moytiez du monde;
Elle vniroit les bras de tout le genre humain,
Ioindroit les deux Soleils du Parthe & du Germain;
Prouoqueroit la paix à te faire la guerre,
Et sur toy seul enfin renuerseroit la terre.

TIBERE.

Pour l'empescher d'agir il faut la rasseurer;
Si son crime paroist feindre, de l'ignorer:

Et puis, quand nous aurons le ſecours que i'eſpere
La mienne à découuert brauera ſa colere;
Mais la voici, n'importe il la faut regaler,
D'vne offre dont l'éclat ſuffit pour l'aueugler.
Voy comme ſon front cache & montre ſa vengeance,
Et dans quelle fierté la ſuperbe s'auance?
Pour me tromper encor elle vient en ces lieux:
Mais eſcoute nous feindre à qui feindra le mieux.

SCENE II.

TIBERE, AGRIPPINE, SEIANVS, NERVA, TERENTIVS.

AGRIPPINE.

TON retour impreueu, tes gardes redoublées,
Trois fortes legions prés de Rome aſſemblées,
M'ont fais auec raiſon craindre quelque attentat
Ou contre ta Perſonne, ou contre ton Eſtat:
C'eſt pourquoy dans vn temps ſuſpect à ma Patrie,
Où le Romain troublé, s'atrouppe, s'arme & crie,
J'ameine à ton ſecours mes proches, mes amis,

Et tous ceux que mon rang me peut auoir sousmis.

TIBERE bas à Nerua.

L'impudente Nerua ! Genereuse Princesse,
Ie ne puis par ma bouche exprimer ma tendresse:
Car vn moindre present que le Thrône d'vn Roy
Ne sçauroit m'acquiter de ce que ie te doy;
De Rome à ce dessein i'approche mon Armée,
Pour forcer cette Esclaue au ioug accoustumée,
D'adorer dans ton fils ce Prince bien-aymé;
L'Image d'vn Heros qu'elle a tant estimé:
Oüy, ie viens sur son front deposer ma Couronne,
Et quiconque osera choquer ce que i'ordonne,
C'est vn traistre, vn mutin, qu'en vassal plein de cœur
I'immoleray moy-mesme au nouuel Empereur.

AGRIPPINE.

Qui renonce à sa gloire en offrant sa Couronne,
Il en acquiert, Cesar, plus qu'il n'en abandonne;
Tu m'estimes beaucoup de me la presenter,
Mais ie m'estime trop pour pouuoir l'accepter;
C'est en la refusant qu'on s'en doit rendre digne,
Ie veux que l'Vniuers en iuge par ce signe.

TIBERE.

Auguste ton Ayeul contre les droicts du sang,

M'adopta pour monter apres luy dans son rang:
Quoy qu'auecque ton sexe il connut ton audace,
Il n'osa te choisir pour occuper sa place;
Il eust peur, connoissant combien, sans se flater,
La Machine du monde est pesante à porter,
Que d'vn poids inégal à la grandeur de l'ame,
Cet énorme fardeau tombât sur vne femme,
Et qu'vn Sceptre appuyé d'vne si foible main,
Soustint mal la grandeur de l'Empire Romain:
Mais quoy que sa prudence, en brauant la Nature,
T'ait rauy la Couronne auec beaucoup d'injure,
Puis qu'auiourd'huy son sang en tes bras affoiblys
A dans ceux de ton fils ses forces restablys,
Ie le veux esleuer par droit hereditaire,
Apres vn interregne au Thrône de son Pere.

AGRIPPINE.

Fille du grand Cesar que ie dois imiter,
Ie le cede au Heros qu'il crût le meriter,
Pour montrer par vn chois aussi grand, aussi iuste,
Que ie suis & du sang & dans l'esprit d'Auguste.

TIBERE.

Et par cette raison son esprit & son sang,
Sont des droicts à ton fils pour monter à mon rang
I'en ay le Diadéme, & d'vne foy sincere,

Ie le veux rendre au fils l'ayant receu du Pere.

AGRIPPINE

Auec vn Diadéme on n'attache pas bien
Vn cœur tout genereux qui veut aymer pour rien.

TIBERE.

Pour te la conseruer, i'ay receu la Couronne,
Ie te la rends, Princesse.

AGRIPPINE.

Et moy ie te la donne,

TIBERE.

Mais comme i'en dispose au gré de tes parens,
C'est moy qui te la donne.

AGRIPPINE.

Et moy ie te la rends.
As-tu droict d'esperer que cette ame hautaine
En generosité succombe sous la tienne.

TIBERE.

Escoute dans ton sein ton cœur te démentir.

AGRIPPINE.

Qui choisit par raison ne peut se repentir.

TIBERE.

Tu me hays, & tu veus eteindre par enuie
La plus belle action dont éclate ma vie;
Ah! pardonne à l'honneur du Monarque des Rois;
Ou de ton Pere en nous respecte au moins le chois.

AGRIPPINE.

Aux siecles à venir quelque iour à ta gloire,
Nos Neueus estonnez apprendront dans l'histoire
Qu'vn Roy de sa Couronne a despoüillé son front,
Et ces mesmes Neueus à ma gloire apprendront
Que ce Prince en fit l'offre à la seule personne
Qui pouuoit refuser l'éclat d'vne Couronne,
Et que l'ordre des Dieux luy voulut designer,
De peur qu'vn si bon Roy ne cessât de regner.

TIBERE.

Regne, ie te l'ordonne, & regnant fais connestre
Que tu sçais m'obeïr encor comme à ton Maistre.

AGRIPPINE.

Regne ie te l'ordonne, & respectant ma loy,

Obeys pour montrer que tu n'es plus mon Roy:
Regne, & puis que tu veux me rendre Souueraine,
Montre en m'obeyssant, que ie suis desia Reyne,
Reprends donc ta Couronne, aussi bien couronner
Celle qui te commande est ne luy rien donner.

TIBERE.

Tasche, mon Sejanus, d'esbranler sa constance,
Toy, qui lis dans mon cœur, & vois ce que ie pense;
Tu luy découuriras les secrets de mon cœur,
Et les vastes desseins que i'ay pour sa Grandeur.

SCENE III.

SEIANVS, AGRIPPINE, TERENTIVS.

SEIANVS.

Lors que contre soy-mesme auec nous il conspire,
Quelle raison vous meut à refuser l'Empire?

AGRIPPINE.

Alors que dans ton sein mon Portraict fut tracé,
Le Portraict de Tibere en fut-il effacé?

Ou des-accoustumé du visage d'vn traistre,
L'as-tu veû sans le voir & sans le reconnoistre?
Je t'excuse pourtant, non, tu ne l'as point veû,
Il estoit trop masqué pour estre reconnû;
Vn homme franc, ouuert, sans haine, sans colere,
Incapable de peur, ce n'est point là Tibere,
Dans tout ce qu'il paroist, Tibere n'est point là:
Mais Tibere est caché derriere tout cela;
De monter à son Thrône il ne m'a poursuiuie,
Qu'à dessein d'espier s'il me faisoit enuie;
Et pour peu qu'à son offre il m'eût veû balancer,
Conclurre aueuglément que ie l'en veus chasser:
Mais quand il agiroit d'vne amitié sincere,
Quand le ressentiment des bien-faits de mon Pere,
Ou quand son repentir eust mon chois appellé
A la possession du bien qu'il m'a vollé,
Sçache que ie prefere à l'or d'vne Couronne
Le plaisir furieux que la vengeance donne;
Point de Sceptre aux despens d'vn si noble courroux,
Et du vœu qui me lie à venger mon Espoux.
Mais bien loin qu'acceptant la supréme Puissance,
Ie perde le motif d'vne iuste vengeance:
Ie veux qu'il la retienne, afin de maintenir
Agrippine & sa race au droict de le punir;
Si je l'eusse accepté, ma vengeance assouuie
N'auroit peû sans reproche attenter sur sa vie,

Et

Et ie veux que le rang qu'il me retient à tort,
Me conſerue touſiours vn motif pour ſa mort.
D'ailleurs c'eſt à mon fils qu'il remettoit l'Empire,
Eſt-ce au nom de ſubjet où ton grand cœur aſpire?
Penſes-y meurement, quel que ſoit ton deſſein,
Tu ne m'eſpouſeras que le Sceptre à la main.
Mais adieu, va ſonder où tend tout ce myſtere,
Et confirme touſiours mon refus à Tybere.

SCENE IV.

SEIANVS, TERENTIVS.

TERENTIVS.

PAr les cuiſans ſoucis où flotte l'Empereur,
Du peril où tu cours meſure la grandeur,
Crains que dans le complot comme vn ſage Interprete,
De la moitié connuë il paſſe à la ſecrette:
Car ie veux que le Ciel ſecondant tes ſouhaits,
Tu meine ta Victoire où tendent tes projets:
D'vne marche du Thrône Agrippine approchée,
La ſoif de ſe vanger non encor eſtanchée,

Et par vn ſi grand coup ne redoutant plus rien,
Elle voudra du ſang, & peut-eſtre le tien:
Peut-eſtre qu'en ton lict aux bras de l'Hymenée,
Le fer de ſon Eſpoux attend ta deſtinée,
Que ſa douleur ſecrette eſpere, en te tuant,
Vanger ſon mary mort ſur ſon mary viuant,
Et qu'à ce cher Eſpoux qui regle ſa colere,
Elle veut immoler le vainqueur de Tibere:
Donc pour ſauuer ta teſte abandonne la Cour,
Tu connois la Fortune & ſon funeſte amour.

SEIANVS.

Mettre les voilles bas n'ayant point perdu l'Ourſe,
Ie ſuis trop esbranlé pour retenir ma courſe,
Ie veux monter au Thrône, ou m'en voir accabler:
Car ie ne puis ſi tard commencer à trembler.

TERENTIVS.

Superbe, ta naiſſance y met vn tel obſtacle,
Que pour monter au Thrône il te faut vn miracle.

SEIANVS.

Mon ſang n'eſt point Royal, mais l'heritier d'vn Roy
Porte-t'il vn viſage autrement fait que moy?
Encor qu'vn toict de chaume eût couuert ma naiſſance,
Et qu'vn Palais de marbre eût logé ſon enfance,

Qu'il fut né d'vn grand Roy, moy d'vn simple Pasteur,
Son sang auprés du mien est-il d'autre couleur?
Mon nom seroit au rang des Heros qu'on renomme
Si mes predecesseurs auoient saccagé Rome:
Mais ie suis regardé comme vn homme de rien,
Car mes predecesseurs se nommoient gens de bien;
Vn Cesar cependant n'a gueres bonne veuë,
Dix degrez sur ta teste en bornent l'estenduë,
Il ne sçauroit auplus faire monter ses yeux
Que depuis son berceau iusques à dix Ayeux:
Mais moy ie retrograde aux cabanes de Rome,
Et depuis Sejanus iusques au premier homme;
Là n'estant point borné du nombre ny du chois,
Pour quatre Dictateurs i'y rencontre cent Rois.

TERENTIVS.

Mais le crime est affreux de massacrer son Maistre?

SEIANVS.

Mais on deuient au moins vn magnifique traistre;
Quel plaisir sous ses pieds de tenir aux abois
Celuy qui sous les siens fait gemir tant de Rois;
Fouler impunément des testes couronnées,
Faire du genre humain toutes les destinées;
Mettre aux fers vn Cesar, & penser dans son cœur
Cét Esclaue iadis estoit mon Empereur.

TERENTIVS.

Peut-estre en l'abatant tomberas-tu toy-mesme.

SEIANVS.

Pourueu que ie l'entraisne auec son diadéme,
Je mourray satisfait, me voyant terracé
Sous le pompeux debris d'vn Thrône renuersé:
Et puis mourir n'est rien, c'est acheuer de naistre,
Vn Esclaue hier mourut pour diuertir son Maistre:
Aux malheurs de la vie on n'est point enchaisné,
Et l'ame est dans la main du plus infortuné.

TERENTIVS.

Mais n'as-tu point d'horreur pour vn tel parricide?

SEIANVS.

Je marche sur les pas d'Alexandre & d'Alcide,
Penses-tu qu'vn vain nom de traistre, de voleur,
Aux hommes demy-Dieux doiue abatre le cœur?

TERENTIVS.

Mais d'vn coup si douteux peux-tu preuoir l'issuë?

SEIANVS.

De courage & d'esprit cette trame est tissuë:

Si Cesar massacré, quelques nouueaux Titans
Esleuez par mon crime au Thrône où ie pretens,
Songent à s'emparer du pouuoir Monarchique,
I'appelleray pour lors le peuple en Republique,
Et ie luy feray voir que par des coups si grans
Rome n'a point perdu, mais changé ses Tyrans.

TERENTIVS.

Tu connois cependant que Rome est Monarchique;
Qu'elle ne peut durer dans l'Aristocratique,
Et que l'Aigle Romaine aura peine à monter,
Quand elle aura sur soy plus d'vn homme à porter,
Respecte & crains des Dieux l'effroyable tonnerre.

SEIANVS.

Il ne tombe iamais en Hyuer sur la terre,
I'ay six mois pour le moins à me mocquer des Dieux,
En suitte ie feray ma paix auec les Cieux.

TERENTIVS.

Ces Dieux renuerseront tout ce que tu proposes.

SEIANVS.

Vn peu d'Encens bruslé rajuste bien des choses;

TERENTIVS.

Qui les craint ne craint rien.

SEIANVS.

Ces enfans de l'effroy,
Ces beaux riens qu'on adore, & sans sçauoir pourquoy,
Ces alterez du sang des bestes qu'on assomme,
Ces Dieux que l'homme a faict, & qui n'ont point faict l'homme,
Des plus fermes Estats ce fantasque soustien,
Va, va, Terentius, qui les craint, ne craint rien.

TERENTIVS.

Mais s'il n'en estoit point, cette Machine ronde?

SEIANVS.

Oüy, mais s'il en estoit, serois-je encore au monde?

SCENE V.

SEIANVS, TERENTIVS. LIVILLA.

LIVILLA.

QVoy tu restes à Rome, & le Foudre grondant
Ne pourra t'éueiller si ce n'est en tombant?
Fuy, fuy, tout est perdu.

SEIANVS.

L'Empereur sçait la trame?

LIVILLA.

Tout est perdu, te dis-je?

SEIANVS.

Ah! poursuiuez, Madame.

LIVILLA.

Tu n'as plus qu'vn moment.

SEIANVS.

Mais de grace, pourquoy?

Tibere......

LIVILLA.

Au nom des Dieux, Sejanus, ſauue-toy.

SEIANVS.

Apprenez-nous au moins qui vous rend ſi troublée?

LIVILLA.

I'ay honte de l'effroy dont ie ſuis accablée:
Mais on peut bien trembler quand le Ciel tremble auſsi;
Eſcoute donc ſurquoy ie m'eſpouuente ainſi.
Des poings du Victimaire aujourd'huy nos hoſties,
Le couſteau dans la gorge en fureur ſont parties,
L'Aruſpice a treuué le cœur defectueux,
Les poulmons tous fleſtris, & le ſang tout bourbeux,
La chair du Sacrifice au brazier petillante,
Diſtilloit ſur l'Autel vne liqueur puante,
Le bœuf n'a pas eſté mortellement atteint,
L'encenſoir allumé par trois fois s'eſt eſteint,
Il eſt ſorty de terre vne vaine figure;
On n'a point veu manger les oyſeaux de l'Augure,
Le Sacrificateur eſt cheû mort en riant,

Le

Le Temple s'est fermé du costé d'Orient,
Il n'a tonné qu'à droitte, & durant cét extase
I'ay veû nos Dieux foyers renuersez de leur baze.

SEIANVS.

Quoy! ces presages vains estonnent ton courrous?
Ils sont contre Tibere, & non pas contre nous.
Si les Dieux aux mortels découuroient leurs mysteres,
On en liroit au Ciel les brillans caracteres:
Mais quoy qu'il en puisse estre, il sera glorieux
D'auoir fait quelque chose en dépit de nos Dieux:
Car si nostre fureur succombe à la fortune,
Au moins dans les transports d'vne rage commune
Nous poursuiurons Tibere auec tant de courrous
Que l'on verra suër le destin contre nous.

LIVILLA.

Le destin graue tout sur des tables de cuiure,
On ne deschire pas les feüillets d'vn tel Liure.

SEIANVS.

Acheuons donc le crime, où ce Dieu nous astraint,
C'est luy qui le commet, puis qu'il nous y contraint.

LIVILLA.

Mon esprit est remis, & ton noble courage,

Quoy qu'anonce le Ciel est vn heureux presage ;
Allons de cent argus Tibere enuironner,
Arrestons les auis qu'on luy pourroit donner,
Et puis qu'il ne tient pas tout le secret encore,
Coupons vers nostre bout la moitié qu'il ignore.

Fin du second Acte.

ACTE III

SCENE PREMIERE.

AGRIPPINE, CORNELIE.

AGRIPPINE.

Sanglante Ombre qui passe & repasse à mes yeux,
Fantôme dont le vol me poursuit en tous lieux,
Tes trauaux, ton trespas, ta lamentable histoire,
Reuiendront-ils sans cesse offenser ma memoire?
Ah! tréue, cher Espoux, si tu veux m'affliger,
Preste-moy pour le moins le temps de te vanger.

CORNELIE.

Il vient vous consoler de sa cruelle absence.

AGRIPPINE.

Il vient, il vient plustost me demander vengeance;
Te souuient-il du temps qu'au fort de ses douleurs,

Couronné dans ſon lict de ſes amis en pleurs,
Il crioit, O Romains, cachez-moy cette offrande,
C'eſt vn bras, non des yeux, que mon ſort vous demande.
Mes plus grands ennemis n'ont rien tant deſiré,
Que de me voir vn iour digne d'eſtre pleuré.
A de plus hauts penſers eſleuez donc voſtre ame,
Pleurer Germanicus, c'eſt le venger en femme,
On me plaindra par tout où ie ſuis renommé:
Mais pour vous, vangez-moy ſi vous m'auez aymé;
Car, comme il eſt honteux à qui porte vne eſpée,
D'auoir l'ame à pleurer mollement occupée,
Si du ſang reſpandu ſont les pleurs d'vn Romain,
I'eſpere que vos yeux ſeront dans voſtre main:
Forcez donc mes bourreaux de ſouſpirer ma perte,
C'eſt la ſeule douleur qui me doit eſtre offerte;
Ouy, cherchez, pourſuiuez, iuſqu'à la terre ouurir,
La terre parlera pour vous les deſcouurir.
Que par les yeux ſanglans de cent mille bleſſures,
Leurs corps défigurez pleurent mes auantures,
Et que Piſon le traiſtre: A ce mot de Piſon,
Son ame abandonna ſa mortelle priſon,
Et s'enuola meſlée au nom de ce perfide,
Comme pour s'attacher auec ſon homicide:
Enfin ie l'ay veû paſle, & mort entre mes bras,
Il demanda vengeance, & ne l'obtiendroit pas!

Vn si lasche refus!

CORNELIE.

L'aymez-vous?

AGRIPPINE.

Je l'adore.

CORNELIE.

Madame cependant Tibere vit encore.

AGRIPPINE.

Attens encore vn peu, mon deplorable Espoux;
Tu le verras bien-tost expirant sous mes coups;
Et rauy par le sort aux mains de la Nature,
Son sang à gros boüillons croistre chaque blessure.
Son esprit par le fer, dans son siege espuisé,
Pour sentir tout son mal en tous lieux diuisé,
Entre cent mil éclairs de l'acier qui flamboye,
Gemissant de douleur, me voir pasmer de ioye;
Et n'entendre, percé de cent glaiues aigus,
Que l'effroyable nom du grand Germanicus,
Qu'il est doux au milieu des traicts qu'on nous décoche,
De croire estre offensé quand la vengeance approche,
Il semble que la ioye au milieu de mes sens,
Reproduise mon cœur par tout où ie la sens;

Pour former du Tyran l'image plus horrible
Chaque endroit de mon corps deuient intelligible
Afin que toute entiere en cét accez fatal,
Ie renferme, ie sente. & comprenne son mal,
Vsurpant les deuoirs de son mauuais genie,
Ie l'attache aux douleurs d'vne lente agonie;
Ie conte ses sanglots, & i'assemble en mon sein
Les pires accidens de son cruel destin;
Ie le voy qui paslit, ie voy son ame errante
Couler dessus les flots d'vne écume sanglante.
L'estomac enfoncé de cent coups de poignard,
N'auoir pas vn amy qui luy iette vn regard,
S'il pense de sa main boucher vne blessure,
Son ame s'échaper par vne autre ouuerture:
Enfin ne pouuant pas m'exprimer à moitié,
Ie le conçois reduit à me faire pitié.
Voy quels transports au sein d'vne femme offensée,
Cause le souuenir d'vne injure passée,
Si la Fortune instruite à me desobliger
M'ostoit tous les moyens de me pouuoir vanger,
Plutost que me resoudre à vaincre ma colere,
Ie m'irois poignarder, dans les bras de Tibere,
Afin que soupçonné de ce tragique effort,
Il attirast sur luy la peine de ma mort.
Au moins dans les Enfers i'emporterois la gloire
De laisser, quoy que femme, vn grãd nõ dans l'Histoire:

Mais le diſcours ſied mal à qui cherche du ſang.

CORNELIE.

Vous!

AGRIPPINE.

Oüy moy, de Ceſar ie veux percer le flanc,
Et iuſques ſur ſon thrône heriſſé d'halebardes,
Ie veux, le maſſacrant au milieu de ſes Gardes,
Voir couler par ruiſſeaux de ſon cœur expirant,
Tout le ſang corrompu, dont ſe forme vn Tiran.

SCENE II.

TIBERE, AGRIPPINE, CORNELIE.
TROVPPE DE GARDES.

TIBERE la ſurprenant.

Pourſuiuez.

AGRIPPINE.

Quoy, Seigneur?

TIBERE.

Le propos detestable
Où ie vous ay surprise.

AGRIPPINE.

Ah ! ce propos damnable,
D'vne si grande horreur tous mes sens trauailla,
Que l'objet du fantosme en sursaut m'esueilla.

TIBERE.

Quoy ! cela n'est qu'vn songe, & l'horrible blaspheme
Qui chocque des Cesars la Majesté supréme,
Ne fut dit qu'en dormant ?

AGRIPPINE.

Non, Cesar, qu'en dormant :
Mais les Dieux qui pour lors nous parlent clairement,
Par de certains effets, dont ils meuuent les Causes ;
En nous fermant les yeux nous font voir toutes choses ;
Escoute donc, Seigneur, le songe que i'ay fait,
Afin que le recit en destourne l'effet.
Ie reclamois des Dieux la sagesse profonde,
De regir par tes mains les affaires du monde,
Quand les sacrez Pauots qui nous tombent des cieux,
D'vn sommeil prophetique ont attaché mes yeux ;

Apres

Apres mille embarras d'especes mal formées,
Que la chaleur vitalle entretient de fumées,
Ie ne sçay quoy de blesme & qui marchoit vers moy,
A crié par trois fois, Cesar, prends garde à toy.
Vn grand bruict aussi-tost m'a fait tourner visage,
Et i'ay veû de Cesar la palissante Image,
Qui couroit hors d'haleine en me tendant les bras,
Oüy Cesar, ie t'ay veû menacé du trespas.
Mais comme à ton secours ie vollois, ce me semble,
Nombre de meurtriers qui couroient tous ensemble,
T'ont percé sur mon sein, Brutus les conduisoit,
Qui loing de s'estonner du grand coup qu'il osoit,
Sur son Thrône, a-t'il dit, herissé d'halebardes,
Ie veux, le massacrant au milieu de ses Gardes,
Voir couler par ruisseaux de son cœur expirant
Tout le sang corrompu dont se forme vn Tyran.
I'en estois là Seigneur, quand tu m'as entenduë.

TIBERE.

La response est d'esprit & n'est pas mal conceuë.

AGRIPPINE.

Hà, Cesar, il n'est plus d'azyle en ta maison,
Quoy! tu tiens pour suspects de fer & de poison
Iusques à tes parens, auec qui la nature
T'attache par des nœuds d'immortelle tissure;

Connois mieux Agrippine, & cesse d'opprimer,
Auec ceux que ton sang oblige de t'aymer,
Ceux que soustient ton rang. Sejanus par exemple,
Superbe, sanguinaire, homme à brusler vn Temple,
Mais qui pour ton salut accepteroit la mort,
Ne peut estre accusé ny soupçonné qu'à tort.
Et cependant, Cesar, vn fourbe, vn lasche, vn traistre,
Pour gaigner en flateur l'oreille de son Maistre,
Peut te dire auiourd'huy.

Sejanus en- tre sãs estre veu d'Agrippine ny de Tibere.

SCENE III.

TIBERE, AGRIPPINE, SEIANVS.

AGRIPPINE continuë sans voir Seianus.

Seianus te trahit,
Il empiete à pas lents ton Thrône, & l'enuahit,
Il gaigne à son party les Familles puissantes,
Il se porte heritier des maisons opulentes,
Il brigue contre toy la fauetur du Senat.

SEIANVS bas.

O Dieux elle m'accuse!

AGRIPPINE.

Il renuerse l'Estat.
Il seme de l'argent parmy la populace.

SEIANVS bas à Agrippine en se iettant aux pieds de l'Empereur.

Nous perirons, Madame, & sans implorer grace.
Oüy, Seigneur, il est vray i'ay conjuré.

TIBERE.

Qui toy!

AGRIPPINE

On peut te dire pis encor de luy, de moy:
Mais à de tels rapports il est d'vn Prince sage
De ne pas escouter vn foible tesmoignage.

SEIANVS bas.

Imprudent qu'ay-je fait? tout est desesperé.

TIBERE.

Mais enfin, Sejanus luy-mesme a conjuré,
Il l'aduoüe.

SEIANVS.

Oüy, Seigneur.

TIBERE.

L'eußiez-vous creû, Princesse?

SEIANVS.

I'ay conjuré cent fois ta profonde sagesse,

De ne point eſcouter ces laſches ennemis
Qui te rendent ſuſpects Agrippine & ſon fils;
Ne ſouffre pas, Seigneur, qu'vne ame deſloyale
Deſgorge ſon venin ſur la maiſon Royale,
Tout le Palais deſia fremit de cet affront,
Et ta couronne meſme en tremble ſur ton front,
Rome en eſt offenſée, & le peuple en murmure,
Preuiens de grands malheurs, Ceſar, ie t'en conjure!
Je t'en conjure encor par l'amour des Romains,
Et par ces triſtes pleurs dont ie mouille tes mains.

TIBERE.

Comment.

SEIANVS.

Tes Legions qui s'approchent de Rome,
Réueillent en ſurſaut la ville d'vn grand ſomme;
Elle croit que tu veux abreuuer ſes rempars
De ce qui reſte encor du ſang de nos Ceſars,
Et qu'apres tant de ſang que ta ſoif ſe deſtine,
Tu viens pour te baigner dans celuy d'Agrippine.
Le Peuple en tous ſes bras commence à ſe mouuoir,
Il faict aux plus ſenſez tout craindre & tout pouuoir:
Pout te l'oſter de force il reſout cent carnages,
Autour de ton Palais il porte ſes images,
Il braue, il court, il crie, & preſque à ton aſpect,
Menace inſolemment, de perdre tout reſpect,

Estouffe en son berceau la reuolte naissante.

TIBERE.

Il arreste Agrippine qui veut sortir.

Agrippine arrestez, si le desordre augmente,
Vn desaueu puplic aux yeux de ces mutins,
En vous iustifiant, calmera nos destins,
Vos efforts feront voir si le ver qui vous ronge,
Meditoit le recit d'vn complot ou d'vn songe,
Esteignez au plustost le feu que ie preuoy,
Ou bien resoluez-vous de perir auec moy,
C'est pour l'intimider, les rayons de ma veüe,
Comme ceux du Soleil, resoudront cette nüe.

Se tournant vers Sejanus.

SEIANVS.

Il seroit à propos qu'on te vit escorté,
De grands desseins par là souuent ont auorté.

SCENE IV.

SEIANVS, AGRIPPINE, CORNELIE.

SEIANVS.

QVe vous m'auez faict peur?

AGRIPPINE.

Que vous m'auez troublée?
Je sens mon ame encor de surprise accablée?
Confesser au Tyran la coniuration?

SEIANVS.

Mais vous, luy reueler la conspiration?
I'ay creû que vostre cœur vous prenoit pour vn autre,
I'en ay senty mon front rougir au lieu du vostre,
Et i'apellois desia la mort auec fierté,
Pour espargner ma honte à vostre lascheté,
Pour en perdre au tombeau la funeste memoire,
Et pour ne pas enfin suruiure à vostre gloire:
Oüy, i'allois sans lascher ny souspir ny sanglot,

Moy ſeul pour mourir ſeul m'accuſer du complot,
Et vous iuſtifiant, quoy que mon ennemie,
Combler par mon treſpas voſtre nom d'infamie.

AGRIPPINE.

Vous m'offenſez cruel, par cet emportement,
Mon amour en depoſt vous tient lieu de ſerment,
Puis que c'eſt vne loy du Dieu qui nous aſſemble,
Que ſi vous periſſez, nous periſſions enſemble,

SEIANVS.

Si i'ay de grands ſoupçons, ce n'eſt pas ſans ſujet,
Ce que i'eſpere eſt grand, & mon ſort eſt abjet,
Vous faites releuer le bonheur de ma vie,
D'vn bien que l'Vniuers regarde auec enuie;
Et c'eſt pourquoy ie tremble au front de l'Vniuers,
Quand deſſus mon threſor ie voy tant d'yeux ouuers;
Ouy, i'ay peur qu'Agrippine ici bas ſans ſeconde,
Eſleuée au ſommet de l'Empire du monde,
Comme vn prix de Heros, comme vne autre Toyſon,
Ne réchauffe le ſang de quelqu'autre Iaſon,
Et cette peur, helas! doit bien eſtre ſoufferte
En celuy que menaſſe vne ſi grande perte.

AGRIPPINE.

Non, croyez, Sejanus, auec tous les humains.

Vers équivoques.

Que ie ne puis ſans vous acheuer mes deſſeins,
Et que vous connoiſtrez dans peu comme moy-meſme,
Si veritablement Agrippine vous ayme.

SEIANVS.

Enfin, quoy que Ceſar puiſſe faire auiourd'huy,
La peur dont i'ay tremblé retombera ſur luy,
Il faut que ie me rende auprés de ſa perſonne,
De peur qu'vn entretien ſi ſecret ne l'eſtonne,
Vous ſortez en public pour tromper le Tyran,
Et gueriſſez vn mal qui n'eſt pas aſſez grand;
Contre trois Legions qui frapent à nos portes,
Tous les Pretoriens & cinquante Cohortes,
Nos gens eſpouuentez ne feroient que du bruict,
Et n'en recueilleroient que la mort pour tout fruict,
Attendons que l'aſpect d'vn Aſtre moins contraire,
Dedans ſon Iſle infame entraiſme encor Tibere,

SCENE

SCENE V.

AGRIPPINE, CORNELIE, LIVILLA.

LIVILLA.

LA Discorde allumant son tragique flambeau,
Vous consacre, Madame, vn spectacle assez beau,
Et ie viens comme sœur, prendre part à la ioye,
Que lassé de vos maux le Destin vous enuoye,
Le Peuple sousleué pour vn Exploict si grand,
Vous tient comme en ses bras à couuert du Tyran,
Et ce transport subit aueugle & plein de zele,
Tesmoigne que les Dieux sont de vostre querelle.

AGRIPPINE.

Les Dieux sont obligez de venger mon Espoux;
Si les Dieux icy bas doiuent iustice à tous,
Deux partis ont chargé leur balance équitable,
Agrippine outragée, & Tibere coupable

LIVILLA.

Pour se bien acquitter ils vous couronneront.

AGRIPPINE.

Ils s'acquitteront bien quand ils me vangeront,
C'est la mort que ie veux, non le rang du Monarque.

LIVILLA.

Se ioindre à Sejanus n'en est pas vne marque.

AGRIPPINE.

Ie fais encore pis, ie me ioins auec vous.

LIVILLA.

Vous nous auiez long-temps caché vostre courroux.

AGRIPPINE.

Ie regle à mon deuoir les transports de mon ame.

LIVILLA.

Au deuoir en effet vous reglez vostre flame:
Car comme l'amour seul est le prix de l'amour,
Seianus vous aymant, vous l'aymez à son tour,

AGRIPPINE.

Il vous sied mieux qu'à moy d'aymer vn adultere,
Apres l'assassinat d'vn Espoux & d'vn frere.

LIVILLA.

Sont-ils ressuscitez pour vous le reueler?

AGRIPPINE.

S'ils sortoient du cercueil, ils vous feroient trembler.

LIVILLA.

Cette ardeur dont i'embrasse, & presse leur vengeance
De l'Enuie & de vous sauue mon innocence.

AGRIPPINE.

Si sans exception vostre main les vangeoit,
Vous verseriez du sang qui vous affoibliroit:
Mais quãd vous vangerez leurs Ombres magnanimes,
Vous les desroberez tout au moins deux Victimes.

LIVILLA.

Vous pourriez m'attendrir par de telles douleurs,
Qu'enfin i'accorderois Seianus à vos pleurs.

AGRIPPINE.

Si m'en faisant le don vous faites vn miracle,
I'en promets à vos yeux le tragique spectacle:
Mais il vous est vtile, & vous le garderez,
Pour le premier Espoux, dont vous vous lasserez.

LIVILLA.

Quiconque ose inuenter ce crime abominable,
Du crime qu'il inuente il a l'esprit capable.

AGRIPPINE.

Vostre langue s'emporte, apaisez sa fureur,
Ce n'est pas le moyen d'acquerir vn vainqueur,
Que vous dites m'aymer, auec tant de constance:
Car s'il m'ayme, il reçoit la moitié de l'offence.

LIVILLA.

Seianus vaut beaucoup, vous deuez l'estimer.

AGRIPPINE.

Son merite est trop grand pour pouuoir m'exprimer:
Mais Tibere estant mort, que nous auons en butte,
Seianus à son cour sera nostre dispute,
Il doit estre immolé pour victime entre nous,
Ou bien de vostre frere, ou bien de mon Espoux,

Adieu donc, & de peur que dans la ſolitude,
Voſtre ialoux ſoupçon n'ait de l'inquietude,
I'engage à ma parole vn ſolemnel ſerment,
Que ie ſors ſans deſſein d'aller voir voſtre Amant.

SCENE VI.

LIVILLA ſeule.

DItes, dites le voſtre, Agrippine infidelle,
Qui de Germanicus oubliant la querelle,
Deuenez ſans reſpect des droicts de l'amitié,
De ſon lâche Aſſaßin l'execrable moitié.
Femme indigne du nom que ſouſtient voſtre race,
Et qui du grand Auguſte auez perdu la trace,
Rougiſſez en voyant voſtre Eſpoux au tombeau,
D'eſtouffer ſa memoire au lict de ſon bourreau?
Mais que dis-je, inſenſée, ah mon trouble eſt extréme!
Ce reproche honteux rejallit ſur moy-meſme,
Puis que de rang égal, & filles d'Empereurs,
Nous tombons elle & moy dans les meſmes erreurs.
Elle ayme ce que i'ayme, & quoy que ie contemple

De lâche dans ſon cœur, ſon cœur ſuit mon exemple,
Et puis il s'eſt donné, mais le traiſtre eſt-il ſien,
M'ayant faict ſa Maiſtreſſe, a-t'il droict ſur mon bien?
Non, ſi par ſon Hymen ma naiſſance i'affronte,
I'en cueilleray la gloire ayant ſemé la honte,
Pour me le conſeruer ie hazarderay tout,
Je n'entreprendray rien que ie ne pouſſe à bout.
Rien par qui dans ſa mort mon bras ne ſe ſignalle,
Si ie puis deſcouurir qu'il ſerue ma Riualle.
Qu'il y penſe, ou bien-toſt des effets inhumains
Feront de ſon ſuplice vn exemple aux Romains;
Oüy, par les Dieux vengeurs, lâche, ie te proteſte,
Si ton manque de foy me paroiſt manifeſte,
Qu'auant que le Soleil ait ſon char remonté,
Tu ſeras comme ceux qui n'ont iamais eſté.

Fin du troiſieſme Acte.

ACTE IV

SCENE PREMIERE.

TIBERE, SEIANVS.

TIBERE.

ENfin Rome eſt ſoumiſe, & mes Trouppes logées
Sont autour du Palais en bataille rangées,
Et ie puis foudroyer d'vn bras victorieux
Ces ſuperbes Titans qui s'oſent prendre aux Dieux;
Ie dois par Agrippine ouurir leurs ſepultures,
Sa mort decidera toutes nos aduantures.

SEIANVS.

Seigneur, daigne en ſon ſang le tien conſiderer.

TIBERE.

Quand i'ay de mauuais ſang ie me le fais tirer.

SEIANVS.

Prends garde außi de perdre Agrippine innocente,
D'vn coup ſi dangereux la ſuitte m'épouuente,
Rome publie à faux par de ſi prompts effets,
Que pour t'abandonner à de plus grands forfaits,
Tu chaſſe le teſmoin de qui l'aſpect t'affronte,
Et punis la vertu dont l'éclat te fait honte.

TIBERE.

Quoy! la craindre & n'oſer mettre vn terme à ſes iours!
Ou bien la laiſſer viure, & la craindre touſiours?
L'vn m'eſt trop dangereux, l'autre m'eſt impoßible.

SEIANVS.

Seigneur, comme elle rend ſon abord acceßible,
Qu'vn Eſpion fidelle éuente ſes ſecrets,
Ie m'offre à cet employ.

TIBERE.

Ie l'ay mandée exprez.
Ce langage muet des yeux auecque l'ame,
Me pourra découurir le complot qu'elle trame,
Ie feindray de ſçauoir qu'elle en veut à mes iours,
Afin que ſi ſon front paſlit à ce diſcours,
Il ſoit, pour la conuaincre, vn indice contr'elle;

Ou

Ou si plein de fierté son front ne la decelle,
Me croyant en secret du complot aduerty,
Elle abandonne au moins l'interest du party.
Brisons là, Sejanus, ie la voy qui s'auance,
A la faire parler obserue ma prudence.

SCENE II.

TIBERE, SEIANVS, AGRIPPINE, CORNELIE.

TIBERE.

QVoy barbare! vouloir ton Pere assassiner
Au moment glorieux qu'il te va couronner?
N'aprehende-tu point, ame fiere, ame ingrate,
Qu'au feu de mon amour ta lâcheté n'éclatte,
Et qu'en l'air cette main qui m'assassinera,
Ne rencontre la main qui te couronnera?

AGRIPPINE.

Moy, Seigneur?

TIBERE.

Toy, perfide!

AGRIPPINE.

Enfin qui le depose?

TIBERE.

Demande à Sejanus; il en sçait quelque chose.

SEIANVS.

I'estois present, Madame, à ce triste rapport.

TIBERE.

D'où vient qu'à ce discours tu te troubles si fort?

AGRIPPINE.

Pour paroistre innocente, il faut estre coupable.
D'vne prompte replique on est bien plus capable,
Parce que l'on apporte au complot declaré,
Contre l'accusateur vn esprit preparé.

TIBERE.

Deffends, deffends-toy mieux.

AGRIPPINE.

Ie pourrois l'entreprendre:

Mais ie t'offenserois si i'osois me deffendre,
Ce seroit vne preuue à la posterité,
Que ta mort estoit iuste & pleine d'equité,
Si ton cœur tesmoignoit par la moindre surprise,
Soupçonner ma vertu de l'auoir entreprise,
Ie veux donc à ta gloire espargner cet affront,
Tu vois mon innocence & la lis sur mon front,
Agrippine, Cesar? attenter sur ta vie,
Non, tu ne le crois pas, mais ce Monstre d'Enuie,
Dont le souffle ternit la candeur de ma foy,
A sans doute aposté des tesmoins contre moy:
Car tout Rome connoist qu'il veut par ma ruine,
Esleuer sa maison sur celle d'Agrippine.

TIBERE.

Tout ce déguisement ne te peut garantir,
Ton iour est arriué, superbe, il faut partir,
Et l'Estat en peril a besoin de ta teste.

AGRIPPINE.

Faut-il tendre le col? qu'on frappe, ie suis preste,
Tibere estant icy, ie voy l'Executeur:
Mais apprens-moy mon crime & mon Accusateur?

TIBERE.

Tu desbauches le Peuple à force de largesses,

Tu gagnes dans le Camp mes Soldats par promesses,
Tu parois en public, tu montes au Senat,
Tu brigues pour les tiens les charges de l'Estat.

AGRIPPINE.

Tibere ne reproche à mon ame Royale,
Que d'estre genereuse, affable & liberale,
Et comme criminelle, à mort il me poursuit.

TIBERE.

La Vertu deuient crime en faisant trop de bruit.

AGRIPPINE.

Elle passe du moins pour cela sous ton regne.

TIBERE.

Mon amour Paternel à tes fils le tesmoigne.

AGRIPPINE.

Cet amour Paternel les a tous glorieux,
Esleuez de ta table, à la table des Dieux:
Et de si beaux festins tu regales les nostres,
Qu'apres ceux de Tibere ils n'en goustent plus d'autres.

TIBERE.

Romains, i'ay la bonté d'estre le Protecteur

De celle qui me tient pour vn empoisonneur,
Je suis enfant d'Auguste.

AGRIPPINE.

Il m'en souuient, Tibere,
Tu nacquis en ce temps qu'à mon bien-heureux Pere,
Toute chose à l'enui succedant à la fois,
Fortune luy donnoit des enfans à trois mois.

TIBERE.

Si ie ne tiens de luy le iour que ie respire,
Au moins, comme à son fils, il m'a laissé l'Empire,
Et ce sage Empereur nous rendit par son choix,
Toy l'Esclaue sousmis, moy le Maistre des Loix.

AGRIPPINE.

Ne fais point vanité d'vn choix illegitime,
Son Orgueil te choisit, & non pas son estime.
Il te donna l'Empire, afin que l'Vniuers
Regrettast le malheur d'auoir changé ses fers.

TIBERE.

Parricide, ton Pere esprouue ton audace.

AGRIPPINE.

Tu respectes mon Pere en destruisant sa race,

Tu luy bastis vn Temple, & consacrant ce lieu,
Tu n'y fais immoler que les Parents du Dieu;
Ce n'est pas dans le tronc d'vne Idole muëtte,
Que repose son ame & sa forme secrette,
C'est dans moy, c'est dans ceux qui sortent de mon flanc,
Et qui s'y sont formez de son celeste sang;
Ne crois pas mes douleurs de criminelles fautes,
Que pousse le regret du Sceptre que tu m'ostes:
Mais escoute, Tyran. La cause de mon deüil,
C'est d'entendre gemir l'Echo d'vn vain cercueil,
Vne Ombre desolée, vne Image parlante,
Qui me tire la robbe auec sa main tremblante;
Vn Phantôme tracé dans l'horreur de la nuict,
Que i'entends sangloter au cheuet de mon lict,
Le grand Germanicus, dont les Manes plaintiues,
M'appellent pour le suiure, aux infernales riues,
Et de qui quand ie dors, d'vn pas remply d'effroy,
Le Spectre souspirant vient passer deuant moy:
Ie te suis, mon Espoux, mais i'attens pour descendre;
Que i'aye réchauffé de sang ta froide cendre,
Aux pieds de ta statuë immolé ton bourreau,
Et de son corps sanglant remply ton vain Tombeau,
Que si le Ciel iniuste est sourd à ma requeste...

TIBERE.

Ton bras, à son defaut, attaquera ma teste.

AGRIPPINE.

Qui m'empesche, Tyran, si c'estoit mon dessein,
De plonger tout à l'heure vn poignard dans ton sein?
Mais vis en seureté, la Veufue d'vn Alcide
Rougiroit de combatre vn Monstre si timide.

Elle tire vn poignard qu'elle iette aux pieds de l'Empereur.

TIBERE.

En découurant ainsi ta noire intention,
Et trauaillant toy-mesme à ta conuiction,
Tu t'espargnes la gehenne.

AGRIPPINE.

Ah! si ie suis blasmable,
Mon Orgueil, non pas moy, de mon crime est coupable,
Et mon cœur échauffé de ce sang glorieux,
Qui se souuient encor d'estre sorty des Dieux;
Au nom de parricide, ardent & plein de flame,
Tasche par son transport d'en repousser le blasme,
Et sans voir que mon Prince est mon accusateur,
Il reuolte ma voix contre mon Empereur.

TIBERE.

Ah! si mon sang t'émeut il merite ta grace,
L'Orgueil n'est pas vn crime aux Enfans de ma race:
Mais comme d'vn soupçon la noirceur s'effaçant,

Laiſſe éncor quelque tâche au nom de l'Innocent,
De peur que trop de iour deſillant ma paupiere,
Dans mon cœur malgré moy iette trop de lumiere,
I'abandonne des lieux, où ie crains de trop voir,
Reſte icy par mon ordre auecque plein pouuoir.
Pour ton Fils ie l'emmeine, il ſera dans Caprée
De noſtre intelligence vne chaiſne aſſeurée.
La molleſſe de Rome énerue vn ieune Eſprit,
Et ſa fleur ſans éclorre en bouton s'y fleſtrit.

SCENE V.

AGRIPPINE, SEIANVS, CORNELIE.

AGRIPPINE.

O Qu'il eſt à propos de ſçauoir ſe contraindre;
Mais comment ſe forcer quand on ne ſçauroit craindre?
Dans mon abaiſſement incapable d'effroy,
Ceſar me ſemble encor bien au deſſous de moy;
Le nom de mon mary, mon rang & ma naiſſane
Enflent tous mes diſcours d'vne maſle aſſeurance.
La terre a beau plier ſous cet Vſurpateur,

Mon

Mon ſang me fait regner ſur ce laſche Empereur;
Encor qu'inſolemment le ſuperbe me braue,
Ie ne puis m'abaiſſer à flatter mon Eſclaue.
Quoy mon fils à Caprée!

SEIANVS.

O Ciel!

AGRIPPINE.

Ah Sejanus!
La fureur me ſaiſit, ie ne me connois plus,
Vois-tu pas ſon deſſein?

SEIANVS.

Ce ruſé Politique,
Le cache aux yeux de Rome & de la Republique,
Son amitié trauaille à le faire oublier,
De l'azile qu'il donne il ſe fait le Geolier,
Et vous des-vniſſant à faux tiltre de Pere,
Oſte la mere au fils & le fils à la mere.
Ah! Madame, il eſt temps de faire agir la main,
Dont le coup doit vn Maiſtre à l'Empire Romain.
Allez deſcendre au Camp, mutinez les Gensdarmes
Faites-les ſouuenir d'auoir porté les armes,
D'auoir en cent climats planté nos pauillons,
Et fauché par la mort tant d'affreux Bataillons,

Sans qu'il reste à pas vn pour vingt ans de seruices,
Que des cheueux blanchis, de larges cicatrices,
Des cadaures antez dessus des membres morts,
Et des troncs suruiuans la moitié de leurs corps:
Pour les picquer d'honneur, vous direz de leurs Peres,
Que vous les auez veus parmy nos aduersaires,
Pesle-mesle entassez, & sanglants qu'ils estoient,
S'enterrer sous le poids des corps qu'ils abatoient,
Percer des escadrons les murailles ferrées,
Faire auec vn bras seul plus que deux Briarées,
Et qu'au lict de la mort ces vaincus triomphans,
Vous ont recommandé leurs malheureux enfans:
Que c'est bien la raison que vous seruiez de mere
A ceux dont vostre Espoux estoit iadis le Pere,
Que tout son patrimoine il leur auoit laissé,
Mais que le Testament par Cesar fut cassé.
Allez, cela finy, de rang en rang paroistre,
Flater chaque soldat, feindre de le connoistre,
Et iettant à la foule vne somme d'argent,
Protestés qu'au Palais d'vn œil si diligent,
On veille vos discours, vos pensers, vostre vie,
Qu'vn don plus genereux attireroit l'enuie:
Mais qu'en vn grand dessein, s'ils vous veulent ayder,
Et vous metire en estat de pouuoir commander,
Vous leur restiturez ce fameux heritage,
Que leur Pere mourant leur laissoit en partage.

CORNELIE.

Si leur ame en ſuſpens ſemble encor heſiter,
Vous ſçaurez par ces mots leur courage exciter;
Quoy vous, mes compagnons, dont l'ardente colere
Fit trembler autrefois le Thrône de Tibere,
Qui diſpenſiez la vie & la mort aux humains,
Qui portiez des combats la Fortune en vos mains;
Qui vouliez au Tyran arracher la Couronne
Pour des crimes legers dont le couuroit ſon Thrône,
Vous ſemblez l'adorer deſſus ſon Thrône aßis,
Quand il eſt deuenu le bourreau de ſes fils?
Où s'en eſt donc allé cette noble furie,
Et ce feu qui veilloit au bien de la Patrie?
Le Ciel d'vn coup de foudre eſpargneroit vos mains,
S'il oſoit vſurper la charge des Romains;
Marchez donc ſans trembler ſur les pas d'vne femme,
Eſpuiſez d'vn Vieillard ce qui luy reſte d'ame,
Que ſi d'vn eſprit foible en cet illuſtre employ,
Vous craignez le peril, ne frappez qu'apres moy.
Ce diſcours acheué, du haut de leur Tribune,
Auec vn front égal attendez la fortune.

AGRIPPINE à Sejanus.

Mais ſans que de l'Eſtat nous déchirions le flanc,
Que le ſang de Tibere eſpargne tant de ſang,

Laisse-moy l'attaquer seule en face de Rome,
Il ne merite pas de tomber sous vn homme.

SEIANVS.

Madame, en ma faueur ne vous exposez point;
Attendons au party le soldat qui se joint;
Du plus seur au plus prompt ne faites point d'eschange.

AGRIPPINE.

Perisse l'Vniuers pourueu que ie me vange.

SEIANVS.

Ouy vous serez vengée, ouy, Madame, & bien-tost,
Vostre Ayeul dans le Ciel le demande assez haut,
Et du fonds des Enfers vostre Espoux vous le crie:
Mais pour vn malheureux conseruez vostre vie,
Vous me l'auez promis.

AGRIPPINE.

Ouy, va, ie m'en souuiens,
Mais vne Ombre qui crie empesche nos liens;

SEIANVS.

Hé quoy! Germanicus peut-il trouuer estrange
Que sa Veufue se donne à celuy qui le vange?

AGRIPPINE.

Non, sa Veufue à son gré te fera son Espoux,
Tu seras son Riual sans qu'il en soit jaloux;
Il joindra de son nom la force à ton audace,

Pourueu qu'en le vengeant tu merites sa place.
A ces conditions que ie passe auec toy,
Dessous le sceau d'Hymen ie t'engage ma foy:
Mais il faut, si tu veux que le contract s'obserue,
Vengeant Germanicus le venger sans reserue, Vers qui cachent vn autre sens.
Et quand ton bras aura ses Manes consolés,
Et tous ses meurtriers à son Ombre immolez,
Mes faueurs enuers toy pour lors seront si grandes,
Que ie t'espouseray si tu me le demandes.

SEIANVS.

Quoy vous m'aymez, Madame, & ie l'aprens de vous?
Quoy ie puis esperer d'estre vn iour vostre Espoux?
Et l'excez du plaisir dont mes sens sont la proye,
Ne me sçauroit encor faire expirer de ioye:
Si le sort ne veut pas que ie meure d'amour.
Ny que sans vostre aueu ie sois priué du iour,
Du moins ie vous diray iusqu'au souspir extréme,
Voyez mourir d'amour Sejanus qui vous ayme.

AGRIPPINE.

Adieu ma sœur, approche, oste-luy les soupçons
Qu'elle pourroit auoir que nous la trahissons.

SEIANVS.

Ah! Madame, elle peut nous auoir escoutée,
Elle marche à grands pas & paroist transportée.

SCENE IV.

SEIANVS, LIVILLA.

LIVILLA.

SI le sort ne veut pas que ie meure d'amour,
Ny que sans vostre aueu ie sois priué du iour,
Du moins ie vous diray iusqu'au soupir extréme,
Voyez mourir d'amour Sejanus qui vous ayme:
Mais toy me haïs-tu, lasche, autant que ie te hays,
Et que veut ma fureur te hayr desormais?
Tu l'as prise pour moy, cette aymable Princesse,
Tu pensois me parler & me faire caresse:
Comme ie suis pour toy de fort mauuaise humeur,
Tu prenois des leçons à fléchir ma rigueur;
Ingrat tu punis bien ce que fit mon courage,
Quand ie sacrifiay mon Espoux à ta rage.
Est-ce trop peu de chose, & pour te meriter,
A des crimes plus grands faut-il encor monter?
I'ay tué mes Neveux, i'ay fait perir mon Frere,
Et ie suis sur le poinct d'égorger mon Beaupere:
Du creux de ton neant sors, Sejanus, & voy
Le Thrône où mes forfaits t'ont esleué sans toy?

Si pour des coups si grands, tu te sens trop timide.
Rends-moy l'Assaßinat, rends-moy le Parricide,
Et pour me rendre vn crime encor plus desplaisant,
Traistre, rends-moy l'amour dont ie t'ay fait present?

SEIANVS.

Comment agir, Madame, auec vne Princesse,
Dont il faut mesnager l'esprit auec adresse?
A qui tous nos desseins paroistroient furieux,
Sans le bandeau d'Amour qui luy couure les yeux.
Helas! si dans mon sein vous voyez la contrainte,
Dont deschire mon cœur, cette cruelle feinte;
Quand la haine me force à trahir l'amitié,
Peut-estre en cet estat vous ferois-ie pitié:
Les larmes dont ie feins vouloir prendre son ame,
Luy montrent ma douleur bien plustost que ma flame.

LIVILLA.

O Dieux! qu'on a de peine à prononcer l'arrest
Quand on veut condamner vn ennemy qui plaist?
Ie t'abhorre, ie t'ayme, & ma raison confuse,
Comme vn Iuge irrité soy-mesme se recuse,
Ton crime parle en vain, ie n'ose l'escouter,
I'ay peur qu'il ne me force à n'en pouuoir douter:
Quoy que sensiblement ta trahison m'offense,
Ie me la cache afin d'arrester ma vengeance,

Ou si plus clairement il me faut exprimer,
Ie me la cache afin de te pouuoir aymer.
C'en est trop, Sejanus, ma douleur est contente,
La plus foible raison suffit pour vne Amante,
Et malgré mon soupçon contre toy si puissant,
Parce que ie t'aymay ie te crois innocent.
Adieu, voy l'Empereur, assiege sa Personne,
Qu'en tous lieux ton aspect l'espouuente & l'estonne.

SEIANVS.

Ie sçay que l'Empereur ne peut estre aduerty
Du nom des conjurez qui forment le party,
Cependant plus ma course approche la barriere,
Plus mon ame recule & me tire en arriere.

LIVILLA.

Va, và, ne tremble point, aucun ne te trahit.

SEIANVS.

Vne secrette horreur tout mon sang enuahit:
Ie ne sçay quoy me parle, & ie ne puis l'entendre,
Ma raison dans mon cœur s'efforce de descendre,
Mais encor que ce bruict soit vn bruict mal distinct,
Ie sens que ma raison le cede à mon instinct;
Cette raison pourtant redeuient la Maistresse,
Frappons, voyla l'hostie, & l'occasion presse,

Aussi bien quand le coup me pourroit accabler,
Sejanus peut mourir, mais il ne peut trembler.

SCENE V.

LIVILLA.

L'Intrigue est découuert, les lasches m'ont trahie:
Ils m'en ont fait l'affront, ils en perdront la vie;
D'vn esprit satisfait ie les verray mourir,
Et periray contente en les faisant perir.
O vous, mes chers nepueux, mon espoux & mon frere,
Ma fureur a trouué le moyen de vous plaire,
Pour vous rendre le faix du tombeau plus leger
De tous vos assassins, elle va vous vanger;
Et par des coups si grands, si pleins, si legitimes,
Que ie seray comprise au nombre des victimes:
Mais le temps que ma bouche employe à soûpirer,
Preste à nos criminels, celuy de respirer:
Hastons-nous, car enfin du iour qu'ils me trahissent,
Ils me l'ont dérobé cét air dont ils iouyssent.

Fin du quatriesme Acte.

ACTE V

SCENE PREMIERE

TIBERE, LIVILLA, FVRNIE.

TIBERE.

VN homme qu'en dormant la fortune éleua.

LIVILLA.

Que de l'obscurité ton amitié sauua.

TIBERE.

Sejanus, dont la teste, vnie à ma personne,
Emplissoit auec moy le rond de ma Couronne;
En vouloir à mes iours? Il en mourra l'ingrat;

LIVILLA.

Par ſa punition, aſſeure ton Eſtat.

TIBERE.

Ie veux qu'en ſon trépas la Parque s'étudie,
A prolonger ſa peine au delà de ſa vie:
Qu'il meure & qu'vn ſanglot ne luy ſoit point permis,
Qu'il arreſte les yeux de tous ſes Ennemis,
Et qu'il ſoit trop peu d'vn pour la douleur entiere,
Dont il doit ſeruir ſeul d'eſpace & de matiere.

LIVILLA.

A quelque extremité qu'aille ſon chaſtiment,
Tu te vanges d'vn traiſtre encor trop doucement:
Mais! Seigneur, ſans peril le pourras-tu détruire,
Et n'eſt-il plus, le laſche, en eſtat de te nuire.

TIBERE.

Il eſt pris le ſuperbe, on inſtruit ſon procez,
Et ie le voy trembler de ſon dernier accez;
Auſſi-toſt que ta bouche à l'eſtat ſecourable,
M'eut découuert l'Auteur de ce crime execrable,

Pour l'éloigner des siens auecque moins d'éclat,
I'ay fait dans mon Palais assembler le Senat;
Mais c'est auec dessein d'attirer ce perfide,
Et pouuoir en ses yeux lire son parricide.
Les conuocquez sont gens à ma deuotion:
Le Consul est instruit de mon intention:
On fait garde par tout, & par tout sous les armes
Le Soldat tient la Ville, & le peuple en allarmes:
Cependant au Palais le coupable arresté,
Et du rang de Tribun par ma bouche flatté,
Vient d'entrer au Senat pour sortir au suplice;
Il n'a plus d'autres lieux à voir qu'vn precipice.

LIVILLA.

Seigneur, & d'Agrippine en a-t'on resolu?
Tu dois l'exterminer de pouuoir absolu:
Cét esprit insolent d'vn trop heureux mensonge,
Croit t'auoir sur son crime endormy par vn songe.

TIBERE.

Ce songe fabuleux ne ma point endormy,
Au dessein de la perdre, il m'a plus affermy:
De l'attentat qui trouble vne ame embarassée,
La parole est toûjours auprés de la pensée,

Et le cœur agité par quelque grand dessein,
Esbranle malgré soy la bouche auec le sein.
Non, ma fille, elle court à son heure derniere,
Et sans qu'elle le sçache, on la tient prisonniere:
I'ay corrompu ses gens, dont l'escorte sans foy
La garde iour & nuit non de moy, mais pour moy;
Et ses plus confidents que mon espargne arreste,
A mes pieds si ie veux apporteront sa teste:
Mais ie la flatte afin que son Arrest fatal,
Quand il la surprendra luy fasse plus de mal.

SCENE II.

NERVA, TIBERE, LIVILLA.

NERVA.

SEigneur, il est iugé; quand on a leu ta lettre,
Sans que pour luy personne ayt osé s'entremettre,
Comme si son mal-heur estoit contagieux,
Chacun de son visage a détourné les yeux;
Ce puissant Sejanus, si grand, si craint n'aguiere,
Cette Diuinité du noble & du vulgaire,

A qui le peuple au Temple appendoit des Tableaux,
A qui l'on decernoit des triomphes nouueaux,
Qu'on regardoit au thrône auec idolatrie,
Nommé par le Senat, Pere de la Patrie,
Dans vn corps où pour tel chacun l'auoit tenu,
N'a point trouué d'enfans qui l'ayent reconnu;
Ils l'ont condamné tous d'vne voix vnanime,
Au supplice du roc pour expier son crime:
Ce coupable est déja dans la court descendu,
Où par l'Executeur ton ordre est attendu.

LIVILLA.

Cæsar au nom des Dieux, commande qu'on l'ameine,
Il importe à ta vie, il importe à ma haine,
Qu'auant le coup fatal nous puissions nous parler;
Car i'ay d'autres secrets encor à reueller.

TIBERE.

Fais qu'il monte, Nerua.

SCENE III.

TIBERE, LIVILLA.

LIVILLA.

Cette haute indulgence
Me ſurprend & m'oblige à la reconnoiſſance ;
Afin donc que Cæſar demeure ſatisfait,
Et que ma courtoiſie eſgale ſon bien-fait,
Ie luy veux découurir le plus grand des complices.

TIBERE.

Par ſon nom, Liuilla, couronne tes ſeruices.

LIVILLA.

Ouure les yeux ſur moy tyran, c'eſt Liuilla ;

TIBERE.

La fureur de ma bru passeroit iusques là?

LIVILLA.

Appelle-tu fureur vn acte de Justice?

TIBERE.

Donc de mon assassin, ma fille est la complice?

LIVILLA.

Non, ie ne la suis pas, Tibere, il est le mien;
I'ay formé l'attentat, mais le mal-heur est sien,
Du massacre d'vn monstre il sort assez d'estime,
Pour disputer l'honneur d'en auoir fait le crime:
Ouy, ce fut moy, Tyran, qui l'armay contre toy.

TIBERE.

La femme de mon fils conspirer contre moy?

LIVILLA.

LIVILLA.

Moy femme de ton fils, moy fille de ton frere,
I'allois te poignarder, toy mon Oncle & mon Pere,
Par cent crimes, en vn me donner le renom
De commettre vn forfait qui n'eut point eu de nom;
Moy ta niepce, ta bru, ta cousine, ta fille,
Moy qu'attachent par tout les nœuds de ta famille,
Ie menois en triomphe à ce coup inhumain,
Chacun de tes parens t'esgorger par ma main;
Ie voulois prophaner du coup de ma vengeance
Tous les degrez du sang, & ceux de l'alliance,
Violer dans ton sein la nature & la loy:
Moy seule reuolter tout ton sang contre toy;
Et monstrer qu'vn Tyran dans sa propre famille,
Peut trouuer vn Bourreau, quoy qu'il n'ait qu'vne fille,
I'ay tué mon Epoux; mais i'eusse encor fait pis,
Afin de n'estre plus la femme de ton fils:
Car i'auois dans ma couche à ton fils donné place,
Pour estre en mes Enfans maistresse de ta race,
Et pouuoir à mon gré respandre tout ton sang,
Lors qu'il seroit contraint de passer par mon flanc:
Si ie t'ay découuert la reuolte secrette,
Dont ce couple maudit complottoit ta défaite;

C'eſt que mon cœur ialoux de leurs contentemens,
N'a peu que par le fer des-vnir ces Amans;
Et dans mon deſeſpoir ſi ie m'accuſe encore,
C'eſt pour ſuiure au tombeau, Sejanus que i'adore;
Oze donc, oze donc quelque choſe de grand,
Ie brûle de mourir par les mains d'vn Tyran.

TIBERE.

Ouy, tu mouras Perfide; Et quoy que ie t'immolle,
Pour punir ta fureur, ie te tiendray parole;
Tu verras ſon ſupplice, il accroiſtra ton deüil,
Tes regards eſtonnez le ſuiuront au cercueil:
Il faut que par tes yeux ſon deſaſtre te tuë,
Et que toute ſa mort ſe loge dans ta veuë:
Obſeruez-là, Soldats, faites garde en ces lieux;
Et pendant les tranſports de leurs triſtes adieux,
Qu'on la traiſne à la mort, afin que ſa tendreſſe
Ne pouuant s'aſſouuir, augmente ſa triſteſſe.

SCENE IV.

LIVILLA, FVRNIE.

LIVILLA.

HE! bien, Furnie; he! bien? Le voila ce grand iour,
Dont la lumiere esteinte esteindra mon amour:
Mais elle m'abandonne & n'ozeroit m'entendre
Déja de mon destin chacun se veut déprendre,
Et comme si des morts i'auois suby la Loy;
Les viuans ont horreur de s'approcher de moy.

SCENE V.

LIVILLA, SEIANVS, NERVA.

LIVILLA.

ENfin ſur le penchant de ta proche ruine,
Ny l'amour de Cæſar, ny l'amour d'Agrippine,
Ny pour tes intereſts tout le peuple aſſemblé,
Ny l'effort du party dont noſtre Aigle a tremblé,
Ne peuuent rachepter ny garentir ta teſte
Du Tonnerre grondant que ma vengeance appreſte:
Ton trépas eſt iuré, Liuilla l'entreprend,
Et la main d'vne femme a fait vn coup ſi grand.

SEIANVS.

Nous deuant aſſembler ſous la loy d'Hymenée,
Me pouuois-ie promettre vne autre deſtinée?
Vous eſtes trop ſçauante à perdre vos Eſpous,
On ſe joint à la mort, quand on ſe joint à vous.

LIVILLA.

Ton amour m'enseigna ce crime abominable,
Peut-on estre innocent lors qu'on aime vn coupable;
J'eus recours aux forfaits pour t'atacher à moy,
Tu n'espouseras point Liuilla malgré toy;
Mais Agrippine aussi ne sera point ta femme,
Ne pouuant estouffer cette ardeur qui t'enflame
Sans t'arracher la vie, où loge ton amour
I'ay mieux aimé barbare en te priuant du iour,
Precipiter le vol de mon heure fatalle,
Que de te voir heureux aux bras de ma riualle.

SEIANVS.

La mort, dont vous pensez croistre mon desespoir,
Déliurera mes yeux de l'horreur de vous voir:
Nous serons separez, est-ce vn mal dont ie tremble?

LIVILLA.

Tu te trompes encor, nous partirons ensemble:
La Parque au lieu de rompre allongera nos fers;
Je t'accompagneray iusques dans les Enfers:
C'est dans cette demeure à la pitié cachée,
Que mon ombre sans cesse à ton ombre attachée,

De ſon vol eternel fatiguera tes yeux,
Et ſe rencontrera pour ta peine en tous lieux,
Nous partirons enſemble, & d'vne eſgale courſe
Mon ſang auec le tien ne fera qu'vne ſource,
Dont les ruiſſeaux de feu par vn reflus commun
Peſle-meſle aſſemblez & confondus en vn,
Se joindront chez les morts d'vne ardeur ſi commune,
Que la Parque y prendra nos deux ames pour vne;
Mais Agrippine vient, ſes redoutables yeux
Ainſi que de ton cœur me chaſſent de ces lieux.

SCENE IV.

AGRIPPINE, SEIANVS, NERVA.

AGRIPPINE.

DEmeure, Sejanus, on te l'ordonne, arreſte:
Ie te vien annoncer qu'il faut perdre la teſte;
Rome en foule déja court au lieu de ta mort.

SEIANVS.

D'vn courage au deſſus des injures du ſort;

Ie tiens qu'il est si beau de choir pour vostre cause,
Qu'vn si noble mal-heur borne tout ce que i'ose;
Et déja mes trauaux sont trop bien reconnus,
S'il est vray qu'Agrippine ait pleuré Sejanus.

AGRIPPINE.

Moy pleurer Sejanus? Moy te pleurer, Perfide?
Ie verray d'vn œil sec la mort d'vn Parricide:
Ie voulois, Sejanus, quand tu t'offris à moy,
T'esgorger par Tibere, ou Tibere par toy,
Et feignant tous les iours de t'engager mon ame,
Tous les iours en secret ie deuidois ta trame.

SEIANVS.

Il est d'vn grand courage & d'vn cœur genereux,
De ne point insulter au sort d'vn mal-heureux:
Mais i'en sçay le motif; pour effacer la trace
Des soupçõs qui pourroiẽt vous joindre à ma disgrace,
Vous brauez mes mal-heurs encor qu'auec regret,
Afin de vous purger d'estre de mon secret:
Madame, ce n'est pas connoistre mon genie:
Car i'aurois fort bien sceu mourir sans compagnie.

AGRIPPINE.

Ne t'imagines pas que par vn feint discours,
Ie tasche vainement à prolonger mes iours;
Car puis qu'à l'Empereur ta trame est découuerte,
Il a sceu mon complot & resolu ma perte:
Aussi i'en soustiendray le coup sans reculer,
Mais ie veux de ta mort plainement me souler;
Et gouster à longs traits l'orgueilleuse malice,
D'auoir par ma presence augmenté ton suplice.

SEIANVS.

De ma mortalité ie suis fort conuaincu;
Hé! bien, ie dois mourir, parce que i'ay vécu:

AGRIPPINE.

Mais as-tu de la mort, contemplé le visage,
Conçois tu bien l'horreur de cét affreux passage;
Connois-tu le desordre ou tombent leurs accords,
Quand l'ame se dépend des attaches du corps?
L'image du tombeau qui nous tient compagnie,
Qui trouble de nos sens la paisible harmonie,
Et ces derniers sanglots dont auec tant de bruit
La nature espouuante vne ame qui s'enfuit?

Voila de ton destin le terme espouuantable.

SEIANVS.

Puis qu'il en est le terme il n'a rien d'effroyable,
La mort rend insensible à ses propres horreurs;

AGRIPPINE.

Mais vne mort honteuse estonne les grands cœurs.

SEIANVS.

Mais la mort nous guerit de ces vaines chimeres;

AGRIPPINE.

Mais ta mort pour le moins passera les vulgaires:
Escoute les mal-heurs de ton dernier Soleil:
Car ie sçay de ta fin le terrible appareil
De joye & de fureur la populace esmeuë,
Va pour aigrir tes maux, en repaistre sa veuë.
Tu vas sentir chez toy la mort s'insinuer,
Par tout où la douleur se peut distribuer:
Tu vas voir les Enfans te demander leurs Peres;
Les femmes leurs maris, & les freres leurs freres;

Qui pour se consoler en foule s'estouffans,
Iront voir à leur rage immoler tes Enfans:
Ton fils ton heritier à la haine de Rome,
Va tomber, quoy qu'enfant, du supplice d'vn homme,
Et te perçant du coup qui percera son flanc,
Il esteindra ta race & ton nom dans son sang:
Ta fille deuant toy par le Bourreau forcée,
Des plus abandonnez blessera la pensée,
Et de ton dernier coup la nature en suspens
Promenera ta mort en chacun de tes sens:
D'vn si triste spectacle es-tu donc à l'espreuue?

SEIANVS.

Cela n'est que la mort, & n'a rien qui m'esmeuue.

AGRIPPINE.

Et cette incertitude où meine le trépas?

SEIANVS.

Estois-ie mal-heureux, lors que ie n'estois pas?
Vne heure apres la mort nostre ame éuanoüie,
Sera ce qu'elle estoit vne heure auant la vie:

AGRIPPINE.

Mais il faut, t'annonçant ce que tu vas souffrir,
Que tu meure cent fois auant que de mourir.

SEIANVS.

I'ay beau plonger mon ame & mes regards funebres
Dans ce vaste neant & ces longues tenebres,
I'y rencontre par tout vn estat sans douleur,
Qui n'esleue à mon front ny trouble ny terreur;
Car puisque l'on ne reste apres ce grand passage,
Que le songe leger d'vne legere image;
Et que le coup fatal ne fait ny mal ny bien
Viuant, parce qu'on est, mort, parce qu'on est rien:
Pourquoy perdre à regret la lumiere receuë,
Qu'on ne peut regretter apres qu'elle est perduë;
Pensez vous m'estonner par ce foible moyen,
Par l'horreur du Tableau d'vn estre qui n'est rien,
Non quand ma mort au Ciel luiroit dans vn Comette,
Elle me trouuera dans vne ferme asiette,
Sur celle des Catons ie m'en vais encherir,
Et si vous en douttez venez me voir mourir.
Marchez Gardes,

AGRIPPINE.

Marchez. Ie te rends grace, ô Rome,
D'auoir d'vn si grand cœur partagé ce grand homme;
Car ie suis seure, au moins, d'auoir vengé le sort
Du grand Germanicus, par vne grande mort.

SCENE VII.

TIBERE, AGRIPPINE.

TIBERE.

IE vous cherche, Madame, auec impatience,
Et viẽs vous faire part du fruit de ma vengeance;
Sejanus par sa mort vous va faire raison,
Et venger hautement vostre illustre Maison.

AGRIPPINE.

Cæsar ie te rends grace, & te suis obligée
Du traistre Sejanus enfin tu m'as vengée;

Tu payes mon Espoux de ce que ie luy doy,
Mais quel bras aujourd'huy me vengera de toy
La suite de ta mort m'asseurant de la sienne,
Ma vengeance voloit toute entiere à la tienne;
Mais dans ce grand project, dont i'attēdois mon bien,
Son trépas impreueu n'a point causé le tien,
Où sera mon recours, ma famille outragée,
Sur le tombeau d'vn seul n'est qu'à demy vengée;
Si ie veux donc m'en faire vne entiere raison,
Ta teste pour victime est deuë à ma Maison:
Ouy, ie dois t'arracher & l'Empire & la vie,
Par cent coups redoublez contenter mon enuie;
Sejanus abattu, renuerser son appuy,
Te noyer dans son sang, t'immoler dessus luy,
Et d'vne main cruelle en desserrant ta veuë,
Te contraindre de voir que c'est moy qui te tuë.

TIBERE.

Ha! c'est trop Agrippine;

AGRIPPINE.

Ah! c'est encor trop peu,
Il faut que ton esprit aueuglé de son feu,
Tombant pour me punir dans vn transport infâme,
Comble tes laschetez du meurtre d'vne femme.

TIBERE.

Mais ie t'ay conuaincuë, & ton crime aueré
Rend ton Arrest sans tache & mon front asseuré.

AGRIPPINE.

Comme ie sçay, Tyran, ce que ton cœur estime,
Que le crime te plaist à cause qu'il est crime,
Si le trépas m'est deu i'empesche ton transport
De gouster le plaisir d'en commettre à ma mort.

TIBERE.

Moy te donner la mort, i'admire ton audace;
Depuis quand auec nous es-tu rentrée en grace,
Pour allonger tes maux ie te veux voir nourrir
Vn trépas eternel dans la peur de mourir.

AGRIPPINE.

Enfin, lasche Empereur, i'apperçois ta foiblesse
A trauers l'espaisseur de toute ta sagesse,
Et du déguisement dont fait ta vanité
Vn specieux pretexte à ta timidité:

Quoy, Tyran, tu paslis ton bras en l'air s'arreste,
Lors que d'vn front sans peur, ie t'apporte ma teste;
Prens garde, mon Bourreau, de ne te point troubler,
Tu manqueras ton coup, car ie te fais trembler.
Que d'vn sang bien plus chaud, & d'vn bras bien plus ferme,
De tes derniers Soleils i'accourcirois le terme,
Auec combien de ioye & combien de vigueur,
Ie te ferois descendre vn poignard dans le cœur;
En tout cas si ie tombe au deçà de l'ouurage,
Ie laisse encor vn fils heritier de ma rage,
Qui fera pour venger les maux que i'ay souffers,
Rejallir iusqu'à moy ton sang dans les Enfers.

TIBERE.

Qu'on l'oste de mes yeux cette ingrate vipere:

AGRIPPINE.

On te nommoit ainsi, quand tu perdis ton Pere.

TIBERE.

Enfin persecuté de mes proches parens,
Et dedans ma famille au milieu des serpens,
I'imiteray, Superbe, Hercule en ce rencontre.

AGRIPPINE.

O! le digne rapport d'Hercule auec vn Monstre;

TIBERE.

Qu'on esgorge les siens, hormis Caligula.

AGRIPPINE.

Pour ta perte, il suffit, de sauuer celuy-là.

SCENE VIII.

TIBERE.

D'Elle & de Sejanus, les ames déloyalles,
Arriueront ensemble aux plaines infernalles;
Mais pour Terentius, à l'vn & l'autre vny,
Perdant tout ce qu'il aime, il est assez puny.

SCENE IX.

SCENE DERNIERE.

TIBERE, NERVA.

NERVA.

CEsar!

TIBERE.

Hé bien Nerua,

NERVA.

I'ay veu la Catastrophe
D'vne femme sans peur, d'vn Soldat Philosophe,
Sejanus a d'vn cœur qui ne s'est point soûmis,
Maintenu hautement ce qu'il auoit promis;
Et Liuilla de mesme esclatante de gloire,
N'a pas d'vn seul soûpir offense sa memoire.
Enfin plus les Bourreaux qui les ont menassez.

TIBERE.

Sont-ils morts l'vn & l'autre?

NERVA.

Ils sont morts,

TIBERE.

C'est assez.

FIN.

EXTRAICT DV PRIVILEGE DV ROY.

PAr Grace & Priuilege du Roy donné à Paris le 16. Decembre 1653. Signé GALONGE'. Il est permis au sieur de BERGERAC, de faire imprimer, vendre & distribuer par tout nostre Royaume deux Liures intitulez, *La mort d'Agrippine*, Tragedie, & *vn Volume de Lettres*, pendant le temps & espace de neuf ans, à compter du iour que lesdits Liures seront acheué d'imprimer : Defendant tres-expressement à toutes personnes de quelque qualité & condition qu'elles puissent estre, d'imprimer ou contrefaire lesdits Liures, ny d'en vendre & debiter d'autres que ceux imprimez par ledit Exposant, ou de son consentement, à peine aux contreuenans de trois mil liures d'amende, despens, dommages & interests, & confiscation des exemplaires qui se trouueront d'autre impression que de la sienne, ainsi qu'il est plus au long porté par lesdites Lettres de Priuilege.

Ledit sieur de BERGERAC a cedé & transporté son Priuilege à CHARLES DE SERCY, suiuant l'accord fait entr'eux.

www.ingramcontent.com/pod-product-compliance
Lightning Source LLC
Chambersburg PA
CBHW052124090426
42741CB00009B/1942

* 9 7 8 2 0 1 2 6 8 2 4 7 4 *